U0111800

大展好書　好書大展
品嚐好書　冠群可期

大展好書　好書大展
品嘗好書・冠群可期

散打功夫 1

散打基礎技法精要

附DVD

武兵　武冬　王宏強　著◎

大展出版社有限公司

國家圖書館出版品預行編目資料

散打基礎技法精要 ／ 武兵 武冬 王宏強 著
——初版，——臺北市，大展，2014〔民103.09〕
面；21公分 ——（散打功夫；1）
ISBN 978－986－346－036－7（平裝附數位影音光碟）
1.拳術 2.中國
528.972 103013293

散打基礎技法精要 附 DVD

著　　者／武　兵　武　冬　王宏強
責任編輯／岑紅宇
發 行 人／蔡森明
出 版 者／大展出版社有限公司
社　　址／台北市北投區（石牌）致遠一路2段12巷1號
電　　話／（02）28236031・28236033・28233123
傳　　眞／（02）28272069
郵政劃撥／01669551
網　　址／www.dah-jaan.com.tw
E - mail／service@dah-jaan.com.tw
登 記 證／局版臺業字第2171號
承 印 者／傳興印刷有限公司
裝　　訂／承安裝訂有限公司
排 版 者／弘益電腦排版有限公司
授 權 者／安徽科學技術出版社
初版1刷／2014年（民103年）9月

定 價／400元

作者簡介

武兵　北京體育大學畢業，高級教練，國家級裁判，中國武術段位7段，兩翼拳第5代傳人。歷任山西省大同市武術培訓中心總教練，大同市體育運動學校武術套路、散打總教練，大同市武兵武術學校校長兼總教練，北京體育大學成教部散打主教練，北京航空航天大學北海學院武術教授等職。現爲北京武兵武術學堂主講。

出生於武術世家，經武術界多位名家指導，勤修靜悟，分別在國內、國際各類大賽中榮獲武術套路、武術散打冠軍24個。出版武學專著14本，發表武學論文300餘篇，並多次榮獲論文大獎。

003

作者簡介

武冬　北京體育大學武術教授、博士，國家級裁判，中國武術段位7段。

六歲起隨父習武至今，研修太極拳、形意拳、翻子拳、劈掛、通備、戳腳、八卦、八極等拳種，得到多位老師悉心傳授，勤修精練不輟。

在北京體育大學承擔了武術專項訓練、武術理論基礎和中國武術史等近10門課程的教學，橫跨本科和研究生課程。多年連續赴美國、義大利、希臘、澳洲、日本、法國、加拿大等國講學，從學者上萬人次。編撰著作、教材15本，約220萬字，出版51盤武術教學片。

前　言

當下武術散打發展蓬勃向上、欣欣向榮，學習散打的人數與日俱增。特別是國內的散打爭霸賽和國際的散打挑戰賽，更是億萬觀眾熱議的話題。

武術散打爲國之瑰寶，搏擊奇葩，向來爲世人所敬仰。散打是中國武術的一種實戰對搏功夫，同時也是一種行之有效的防身、健身、塑身運動方式。隨著「世界武術散打錦標賽」「世界盃武術散打比賽」「2008北京奧運武術散打比賽」以及「2009年首屆中國武術散打職業聯賽」等一系列賽事的舉辦，中國功夫散打運動必將源於中國，屬於世界。

筆者講習武術數十載，所寫內容皆爲散打之精華，既有多年來對散打技術體系精招妙法的整合與析解，又有尚未開發的優秀武技之展示與應用，同時也是筆者數十年武學體悟與教學經驗之結晶。

「散打功夫系列」包括《散打基礎技法精要》《散打實用技法精要》《散打高級技法精要》三本書：

《散打基礎技法精要》力推散打之拳、腿的基礎技法，拳打具有先天的靈活性，腿踢具有長度、硬度、力度的攻擊性，都是威力無比的技法，是通往散打最高境界的基石。俗話說「高樓尚需根基牢」「紮穩馬步好打拳」，因此，學練時必須在拳、腿技上多下功夫。

《散打實用技法精要》著重介紹散打技術體系的摔、拿技法，既是練而能用的實用招法，也是散打技法的中堅利器。學練時雖存在一定難度，要求練習者周身協調，勁力通暢，但在制勝效果上往往更勝一籌。在摔、拿得手時，可以起到易判定、易得分、易制勝的奇效。

　　《散打高級技法精要》揭示了散打高級連招技法，是競技獲勝的秘技，突出了「多點打擊」「連招絕殺」「技功雙顯」等特點，運用時絲毫不給對手喘息的防守機會，是比賽制勝的法寶。修煉此技，需要練習者有較高的身體素質，用技時方能遊刃有餘。

　　本套叢書面向廣大讀者，力求做到雅俗共賞、圖文並茂，突出直觀性和實用性，激發練習者的學練興趣；以理論和實踐相結合，運動和健康相結合，知識和技能相結合，並將一些鮮爲人知的練功妙法和盤托出，相信會滿足國內外散打愛好者和各大體育院校的老師、學生及數以萬計的武館、武校、武術健身俱樂部的教練和學生的需求，也會得到武警、特警官兵及晉考散打裁判人員等不同層次散打學練者的喜愛。

　　本套叢書附贈教學光盤，達到「一靜一動」的學習效果，直面散打精華，使讀者學有所獲、學以致用。

　　書稿得以順利完成，要特別感謝武道前輩王天增、武萬富、白枝梅，武友于三虎、李建明、李雁軍、蔚飛、王志劍以及北京體育大學學生張開元、武喆或等人鼎力相助。雖傾心而書，受功力所限，書中不免存有瑕疵，誠盼廣大讀者不吝賜教，大謝！

武　兵

散打基礎技法精要

目　錄

散打基本技法

第一節 拳 技

拳技是指散打技術體系中最容易得手，最容易獲得打擊效果的拳法，是散打比賽中制勝對手的有力武器。

一、拳技的特點

（一）具有靈活多變的特點

練過散打者，都會有切身感受，那便是初次進行實戰打鬥時，雙方較技者都會先用拳打技法，其原因是人的雙手在日常生活、學習和工作中所充當的角色最全，行使的職能也最廣，鍛鍊的機會最多，故出於人的本能，雙手十分靈活。

再加上專業拳技的訓練，將散打中的單手拳、雙手拳、連環拳、迎擊拳、重擊拳、誘打拳、防反拳等眾多技法融會貫通，運用自如，必然會使拳打技法異常靈活多變，從而達到「拳打人不知」的境界。

（二）具有距離身體要害近的特點

散打比賽雙方對搏時，拳打技法距離對手要害部位如頭部、胸部等最近，同時也最便於出招擊中對手目標，使對手防不勝防，進而產生得分和擊倒對手的實戰效果，最終制勝對手。

（三）具有不失平衡的特點

拳打技法是運用雙拳參與攻防實戰，同時在發拳時，身體重心不停地進行虛實互變，再加上雙腳隨勢而動，扣趾抓地，使自身平衡變得穩固，不像腿法攻擊，存有「腿起三分險」「高腿半邊空」，極易失去自身平衡，而身處被動或失分境地。拳打因擁有良好的運動形態，可以在散打對搏中贏得更多的有利機會。

（四）具有攻守同動的特點

攻守同動乃散打高手必備的功夫，拳打技法可以用一手進攻，另一手防守，達到「守之不失，攻之可得」攻守平衡的狀態，令對手無法得手，身處被動，而自己卻占得主動與先機。運用同動能夠在時機上抓住有利戰機，保持「他打他的，我打我的」的技戰術風格，並且能在第一時間內擊潰對手。

（五）具有預兆小的特點

經過系統訓練，散打選手出拳時，預先暴露進攻意圖的機會非常少，再加上拳技多在中、近距離運用，對手反

應時間短，所以常常會造成對手防守困難，中招敗北。

（六）具有快、重、準、狠的特點

拳打出招時遵循「力起於根節，傳於中節，達於梢節」的發力次序，以及肌肉放鬆與收縮的用力技巧，可以充分地將人體根節的腿腳力、中節的腰背力、梢節的拳臂力融合為一體，驟然打出，其打擊力度非常重。實戰中，拳打配合前、後、左、右等不同方位，靈活穩健的步法，起伏轉折的身法變化，會大大提升出拳速度。

系統練習拳技可以提高準確度，這個準確度有兩個方面，一是自身發拳打擊力點準，另一方面是觸擊對手的落點準。拳語講「一膽二力三功夫」，「膽」為實戰意念的狠度；拳術界自有「心狠力自增」之說，出拳打擊對手，講究意氣力相合，其中意念兇狠又是核心，所以拳打具備了狠的特點。

二、拳技的種類

（一）實戰姿勢

實戰姿勢是散打技術體系中最基本的動作，是對搏前的準備姿勢，舊時稱「擺樁」，現在稱「開門立戶」的初始架勢，便於進攻和防守，同時也便於移動。

1. 左實戰姿勢（又稱正架）

練習者雙腳前後開步與肩同寬，左腳踏地，腳尖稍內扣，右腳前腳掌蹬地，腳跟微離地面，雙膝自然彎曲，身

圖1   圖2

體重心落於兩腳之間，上體稍右轉，同時，雙手握拳屈肘回護體前，左手臂屈肘大於90度於體前，右手臂屈肘小於90度於頭右側，目視前方（圖1）。

2. 右實戰姿勢（又稱反架）

練習者雙腳前後開步與肩同寬，右腳踏地，腳尖稍內扣，左腳前腳掌蹬地，腳跟微離地面，雙膝自然彎曲，身體重心落於兩腳之間，上體稍左轉，同時，雙手握拳屈肘回護體前，左手臂屈肘小於90度於頭左側，右手臂屈肘大於90度於體前，目視前方（圖2）。

【要點與提示】體鬆意靜，氣順神足，豎頸含頷，虛胸實腑，沉胯斂臀，鬆肩墜肘，閉口合齒。

實戰姿勢應保持身型舒鬆自然，雙腿富於彈性，以便移動自如；雙手回護體前與轉身，其目的是為了減少自身的受擊打面積。

圖3

（二）直拳（又稱衝拳）

直拳分左手直拳、右手直拳、單手直拳和連環直拳，屬直線型技法。直拳速度快，力量大，預兆小，是散打拳技的「殺手鐧」，主要打擊對手頭面、胸腹、心窩等部位。直拳可攻可守，靈活多變，實戰效果明顯，是散打選手常用的技法。

1. 左直拳

由左實戰姿勢開始。左右腳蹬地，身體重心前移，腰向右轉，同時左手臂伸肘，左拳直線向體前打出，高於肩位，且右拳屈肘回護體前，目視前方（圖3）。

2. 右直拳

由左實戰姿勢開始。左右腳蹬地，身體重心前移，腰

圖4　　　　　　　　　　圖5

向左轉，同時右手臂伸肘，右拳直線向體前打出，高於肩位，且左拳屈肘回護下頜處，目視前方。直拳可分為平手直拳和立手直拳（圖4、5）。

3. 旋擰直拳

由右實戰姿勢開始。左右腳蹬地，身

圖6

體稍前俯，重心前移，腰向左轉，同時右手臂向內旋擰發直拳向體前下方直線打出，且左拳回護體前，目視前方（圖6）。

【要點與提示】蹬地轉腰，送肩旋臂，呼氣發拳，疾

圖7　　　　　　　　　圖8

出快收，力達拳面，意氣力相合。發直拳時要求鼻尖、腳
尖及拳面三點成一線，以此來增加打擊力度。旋擰直拳常
用於防守反擊，擊打對手心窩要害。

（三）擺拳（又稱摜拳）

擺拳屬橫向型技法，分左擺拳、右擺拳和連環擺拳。
擺拳能夠最大限度地運用人體腰腹和手臂擺動之力，故其
打擊力非常大，拳勢兇猛，變化落點多，攻守兼備，可以
擊打對手頭部兩側、腰肋等部位。

1. 左擺拳

由右實戰姿勢開始。雙腳蹬地，身體向右轉，同時左
手臂屈肘大於90度向內摜打，高與頭位，且右拳回護頭右
側，目視前方。擺拳可分為平手擺拳和立手擺拳（圖7、
8）。

2. 右擺拳

由左實戰姿勢開始。左腳向前上一步，右腳掌蹬地，腳跟提離地面，身體下沉，腰向左轉，同時右手臂屈肘大於90度向內橫擺摜打，高與頭位，且左手回護頭左側，目視前方（圖9）。

圖9

【要點與提示】蹬地轉腰，協調一致，揮臂擺拳有力準確，呼氣出拳，力達拳面，疾出快收，意氣力相合。打擺拳時要求肩、肘、腕在一個水平面上，使擺拳勁道合一。擺拳因運動線路較長，幅度大，所以最好在其他技法的配合下使用，以發揮擺拳的巨大威力。

3. 右直橫擺拳

由左實戰姿勢開始。雙腳蹬地，身體稍左轉，右手臂微屈，向體前直線打出，當接近目標的瞬間再小弧形橫擺摜打，同時左拳回護頭側，目視前方（圖10）。

【要點與提示】蹬地轉腰快爆，出拳準確有力，力達右拳虎口及小臂內側，肘關節微屈，意氣力相合。右直橫擺拳是變異的「怪拳」，因擺拳的運動軌跡較長，實戰中容易被對手發現和防守，故將此拳起動路線由直而出，在臨近目標時突然變線橫向摜打，使對手防不勝防。左直橫擺拳與右直橫擺拳相同，唯方向相反。

圖10　　　　　　　　圖11

（四）勾拳（又稱抄拳）

勾拳是近距離對搏的有力武器，分左勾拳、右勾拳和連環勾拳等。勾拳隱蔽性好，出拳刁鑽，專打對手面門、心窩、下頜及軟肋等人體要害部位，善於使用貼身近戰的散打選手都青睞此拳法。

1. 左勾拳

由左實戰姿勢開始。雙腳蹬地，身體右轉，同時左手臂屈肘90～120度，左拳由下向上旋擰手臂向上抄打於體前，拳心向內，且右拳回護頭右側，目視前方（圖11）。

2. 右勾拳

由左實戰姿勢開始。左腳向前上一步，身體沉閃，腰向左轉，雙腳蹬地，右腳跟微離地面，同時右手臂屈肘90～

第一章　散打基本技法

017

120度，由下向上弧形抄打至體前，高與頭位，拳心向內，且左拳回護頭左側，目視前方（圖12）。

【要點與提示】蹬地、轉腰、展腹相合一致，快速有力，準確兇狠，力達拳面，旋臂呼氣出拳，意氣力相合，疾打快收，還原成實戰姿勢。勾拳多在相互纏抱時、防摔時和以小打大時使用。

圖12

（五）蓋　拳

蓋拳屬上下型打法，多用於防守中，如防守對方膝攻、腿攻及拳攻。蓋拳分左蓋拳、右蓋拳和連環蓋拳。蓋拳具有技術性簡單、防守面積大、起動突然快速等優點，故實戰性強。

1. 左蓋拳

由左實戰姿勢開始。雙腳蹬地，身體向右轉，重心右移，左手臂屈肘90～120度，左拳由上向下蓋擊在體前，拳心向下，右拳回護頭右側，目視前下方（圖13）。

2. 右蓋拳

由左實戰姿勢開始。雙腳蹬地，身體向左轉，重心左移，右手臂屈肘90～120度，右拳由上向下蓋擊在體前，拳心向下，左拳回護頭左側，目視前下方（圖14）。

【要點與提示】蹬地轉腰協調一致，揮臂蓋拳有力，

散打基礎技法精要

圖13　　　　　　　　　圖14

力達拳心及小臂處，意氣力相合，疾打快收，還原成實戰
姿勢。蓋拳多用在防對手抱單腿摔、抱雙腿摔及彈腿、蹬
腿、邊腿等。

（六）彈　拳

彈拳是直線型拳法，常用來誘打、搶打對手心窩和面
門等要害，具有快脆、冷彈、放長擊遠及對手難於防守的
特點，是散打高手密藏之絕技。

彈拳分為左彈拳、右彈拳、單手連環彈拳和雙手連環
彈拳。彈拳技術簡便，實用效果明顯，故不可忽視。

1. 右前彈拳

由右實戰姿勢開始。雙腳蹬地，身體重心前移，腰向
左轉，同時右手臂疊肘向體前立拳彈抖打出，高與頭位，
拳眼向上，左拳回護下頜處，目視前方。左前彈拳與右前

圖15　　　　　　　圖16

彈拳相同，唯方向相反（圖15）。

2. 右上彈拳

由左實戰姿勢開始。雙腳蹬地，身體重心前移，腰向左轉，同時右手臂疊肘向上平擺彈抖打出，高與頭位，拳背向上，左拳回護下頜處，目視前方。左上彈拳與右上彈拳相同，唯方向相反（圖16）。

【要點與提示】蹬地轉腰順暢，送肩展臂，抖腕發力，力達拳背，呼氣出拳，意念兇狠，勁力爆脆。彈拳常用來誘打、搶打對手心窩和面門等要害，同時彈拳也可以破化對方的拳攻，如上彈拳破化對手的直拳，前彈拳破化對手的擺拳等。

（七）砸　拳

砸拳屬上下型拳法，分左砸拳、右砸拳和連環砸拳，多

圖17　　　　　　　　　　　圖18

用在對手中盤腿攻和進身施摔時。砸拳具有隱蔽、實用、突然、快捷等優勢，是散打對戰互搏中的一種好拳法。

1. 左砸拳

由左實戰姿勢開始。雙腳蹬地，身體右轉，重心右移，含胸拱背，同時左手臂屈肘外旋向下砸擊，拳背向下，右拳回護下頜處，目視下方（圖17）。

2. 右砸拳

由左實戰姿勢開始。雙腳蹬地，身體下沉，稍左轉腰，含胸拱背，同時右手臂屈肘外旋向下砸擊，高與腹位，拳背向下，左拳回護頭左側，目視下方（圖18）。

【要點與提示】沉胯墜肘相合一致，砸拳快速有力，力達拳背，意氣力相合。砸拳可攻可守，攻可砸擊對手頭面，守可防化對手中盤的拳、腳、膝等技法的進攻。

（八）劈 拳

劈拳是放長擊遠、大刀闊斧的重力型武器，屬上下型拳法，分左劈拳、右劈拳、連環劈拳和回身劈拳，是散打高個子選手的得意技法。

劈拳有氣勢大、力度大、落點多、易攻易守諸多特點，進攻時常常打擊對手面門、鎖骨等部位，防守時多運用於破

圖19

化對手的高腿進攻，如高位邊腿、高位側踹腿等。

1. 左劈拳

由左實戰姿勢開始。雙腳蹬地，右腳跟提離地面，身體向右稍轉，同時左手臂直肘由上至下劈打於體前，高與頭位，右手回護頭右側，目視前方（圖19）。

2. 右劈拳

由左實戰姿勢開始。雙腳蹬地，右腳跟提離地面，身體向左轉，同時右手臂直肘由上至下劈打於體前，高與頭位，左手回護頭左側下頜處，目視前方（圖20）。

【要點與提示】蹬地轉腰，鬆肩探背，揮臂出拳，準確有力，力達拳輪及小臂外側，意念兇狠，呼氣出拳，勁力通透。劈拳是散打高個子選手的得意技法，在搶攻中如運用得當，可以起到先下手為強的作用。若使用連環劈

散打基礎技法精要

圖20　　　　　　　　圖21

拳，則會使對手受到毀滅性的打擊。運用劈拳時若能組合中位腿技，則是更完美的招法。正如拳語所講「上劈面門中踢心，克敵好似一陣風」。

（九）栽　拳

栽拳是散打拳法中較為實用的一種拳技，運行軌跡從上至下，打擊力度大，隱蔽性好，突發性強，遠、近距離均可得分制勝對手，頭、胸及心腹等部位都是栽拳的攻擊目標。栽拳分左栽拳、右栽拳和連環栽拳。

1. 左栽拳

由左實戰姿勢開始。雙腳蹬地，身體向右轉動，重心後移，左腳跟提離地面，同時左手屈肘由上至下呈小弧線栽打左拳於體前，高與腹位，右拳回護下頜處，目視下方（圖21）。

2. 右栽拳

由左實戰姿勢開始。雙腳蹬地，右腳跟提離地面，身體稍向前傾，腰向左轉，同時右手臂屈肘由上向下成小弧線栽打右拳，高與腹位，左拳回護頭左側，目視下方（圖22）。

圖22

【要點與提示】蹬地轉腰協調一致，含胸旋臂，沉肩墜肘，屈膝鬆胯，頭頸上領與下栽拳形成爭力，力達拳面，意氣力相合。栽拳攻守兼備，特別是閃身進步下栽拳擊打對手心窩，常是矮小選手擊打高大選手的經典招式。在防守中，栽拳又是對手膝攻的剋星。

（十）撩　拳

撩拳多用於防守反擊，常打擊對手下頜、心窩等要害。撩拳擊襠招法因威力無比，故被現行的散打規則所限制。撩拳分前撩拳、後撩拳和連環撩拳，因撩拳突然，運動線路隱秘，所以不易被對手覺察，故極易得手。

1. 右前撩拳

由左實戰姿勢開始。雙腳蹬地，右腳跟提離地面，上體稍左轉，右手臂以肘關節向體前內旋臂甩撩打出，高與肩位，左拳回護頭左側，目視前方（圖23）。

圖23　　　　　　　　圖24

2. 左後撩拳

由左實戰姿勢開始。雙腳蹬地，左腳跟提離地面，重心後移至右腿，同時上體右轉，左手臂以肘關節為軸，向體後內旋臂反向甩撩打出，高與頭位，右拳回護下頜處，目轉視左方（圖24）。

【要點與提示】蹬地轉腰，協調一致，活肘旋臂，快速有力，力達拳輪，意氣力相合。撩拳屬貼身短打技法，既可以進身搶攻對手，也可以進行防守反擊。

（十一）鞭　拳

鞭拳是一種橫線型技法，分原地左右鞭拳和轉身左右鞭拳。其中原地左右鞭拳突然怪異，多用於主動搶攻，打擊對手胸腹、頭面和軟肋等部位；轉身左右鞭拳因配合移步、轉腰、甩臂，其合力大，故殺傷力強，多用於防守反擊中，往往會收到出奇制勝的效果。

圖25 圖26

1. 左轉身鞭拳

　　由右實戰姿勢開始。左腳後插步，雙腳蹬擰地面，隨之身體向左轉270度，同時左拳橫向伸肘抽甩鞭打而出，拳眼向上，高與肩位，右拳回護下頜處，目轉視拳方（圖25、26）。

2. 右轉身鞭拳

　　由左實戰姿勢開始。右腳後插步，雙腳蹬擰地面，隨之身體向右轉270度，同時右拳橫向伸肘抽甩鞭打而出，拳眼向上，高與肩位，左拳回護下頜處，目轉視拳方（圖27、28）。

3. 原地左鞭拳

　　由左實戰姿勢開始。雙腳蹬地，左腳跟提離地面，身

圖27

圖28

體向右轉動，重心右移，同時
左手臂伸肘橫向甩打至體前，
拳眼向上，高與肩位，右拳屈
肘回護頭右側，目視拳方（圖
29）。

4. 原地右鞭拳

由左實戰姿勢開始。雙腳
蹬地，右腳跟提離地面，身體
向左轉動，重心前移，同時右
手臂伸肘橫向甩打至體前，拳

圖29

眼向上，高與肩位，左拳屈肘回護頭左側，目視拳方（圖
30）。

【要點與提示】轉腰甩臂有力，蹬地擰腳連貫，領頭
轉肩，快速穩健，力達拳背及小臂外側，意念兇狠，呼氣

圖30　　　　　　　　　圖31

發拳，勁力要有鞭打之感。原地鞭拳破化對手直拳，有出奇制勝的效果；轉身鞭拳因變向變點，常會使對手不知所措，中招敗北。

（十二）翻　拳

翻拳是散打拳法中一種靈巧型的技法，屬上下型打法。翻拳包括左翻拳、右翻拳和連環翻拳等。翻拳常運用於打擊對手面門而得點取分。

1. 左翻拳

由左實戰姿勢開始。雙腳蹬地，右腳跟提離地面，身體向右轉動，同時左拳以肘關節為軸由下向上翻打至體前，高與頭位，拳背向下，右拳回護於頭右側，目視前方（圖31）。

2. 右翻拳

由左實戰姿勢開始。雙腳蹬地，右腳跟提離地面，身體向左轉動，同時右拳以肘關節為軸由下向上翻打至體前，高與頭位，拳背向下，左拳回護於頭左側，目視前方（圖32）。

圖32

【要點與提示】探肩活肘，扣腕扭臂發力，力達拳背，蹬地轉腰，協調一致，意念兇狠，呼氣出拳，勁力快脆。翻拳搶攻對手時，一方面為了打點得分，另一方面阻擋對手視線，為其他連擊技法的使用創造有利時機，故被行家稱為「引拳」。

（十三）挑　拳

挑拳分左挑拳和右挑拳，屬於上下型技法，主要用來防禦對手上盤拳法的進攻。

挑拳具有出手順暢、變化快速、實用性強等特點，深受散打選手喜愛。

1. 左挑拳

由左實戰姿勢開始。雙腳蹬地，右腳跟提離地面，身體稍右轉，同時左拳直臂由下向上挑擊，拳眼向上，高與頭頂，右拳屈肘回護頭右側，目視左拳方（圖33）。

圖33

圖34

2. 右挑拳

由左實戰姿勢開始。雙腳蹬地，右腳跟提離地面，身體稍左轉，同時右拳直臂由下向上挑擊，拳眼向上，高與頭頂，左拳屈肘回護頭左側，目視右拳方（圖34）。

【要點與提示】挑臂轉腰配合一致，肘關節稍彎曲，出拳快速有力，力達拳眼及小臂內側處，意念兇狠，呼氣出拳，勁力快脆。挑拳在運用時要貼護自己上體的中心線。

（十四）掛　拳

掛拳為貼身短拳，運動軌跡呈下弧形，多用來防禦對手中位腿法的進攻，如蹬腿、踹腿等，是散打防守之利器。

圖35　　　　　　　　　　　圖36

1. 左掛拳

由左實戰姿勢開始。雙腳蹬地，左腳跟提離地面，身體向右轉動，重心右移，同時左拳微屈肘，整臂，由上至下斜弧形掛擊至體右側，右拳回護頭右側，目視左拳方（圖35）。

2. 右掛拳

由左實戰姿勢開始。雙腳蹬地，右腳跟提離地面，身體向左轉動，重心左移，同時右拳微屈肘，整臂，由上至下斜弧形掛擊至體側，左拳回護頭右側，目視右拳方（圖36）。

【要點與提示】合肩裹臂，轉腰扣胯，弧形貼身掛擊，力達拳眼及小臂內側處，意念兇狠，呼氣出拳，勁力快脆。掛拳在防守時要做到「彼不動，己不動；彼已動，己先動」。防守後應迅速變換招式，反擊對手，防守不是目的，進攻得勝才是所求。

（十五）截　拳

截拳屬上下型技法，分左截拳和右截拳，常用來防禦對手拳法如勾拳，腿法如蹬腿、踹腿以及膝法的進攻。截拳短促有力，快猛實用，是散打選手不應忽視的拳技。

1. 左截拳

由左實戰姿勢開始。雙腳蹬地，左腳跟提離地面，身體稍右轉，重心

圖37

右移，同時左拳屈肘，由上向下截擊而出，拳輪向下，小臂與地面平行，右拳回收頭右側，目視拳方（圖37）。

2. 右截拳

由左實戰姿勢開始。雙腳蹬地，右腳跟提離地面，身體稍左轉，重心左移，同時右拳屈肘，由上向下截擊而出，拳輪向下，小臂與地面平行，左拳回收頭左側，目視拳方（圖38）。

【要點與提示】扣膝合胯，同動一致，蹬地轉腰協調，沉肩墜肘，力達拳輪及小臂外側，意念兇狠，呼氣出拳，勁力快脆。運用截拳時，拳輪及小臂外側應與對手的進攻招式形成一個橫縱軸的交叉點，以確保截拳的成功運用。

（十六）凌空拳

凌空拳顧名思義是在身體凌空後打出的各種拳法，凌

圖38

圖39

空拳分墊步凌空拳和轉身
凌空拳。凌空拳不論在氣
勢上，還是在變化攻擊點
和變化方向方面，都佔有
得天獨厚的優勢，是克敵
制勝的法寶，是散打高手
的秘藏技。

圖40

1. 凌空左翻拳

由右實戰姿勢開始。上體向左轉動，右腿向左上方提
跨，同時左腳蹬地，身體凌空一周連發左翻拳向體前打
出，右拳隨擺體側，目視拳方（圖39、40）。

2. 凌空右直拳

由左實戰姿勢開始。左腳向前跳墊步，身體凌空連發

右直拳向體前打出，同時左拳隨擺體側，目視前方（圖41）。

3. 凌空左鞭拳

由右實戰姿勢開始。上體左轉，右腿向左提跨，同時左腳蹬地，身體凌空，左轉一周，連發左鞭拳向體前抽打，右拳隨擺體側，目視前方（圖42、43）。

【要點與提示】蹬地有力，騰身敏捷，發拳準確快速，擰腰送肩，力貫拳背及拳面，意氣力相合。凌空拳是身型矮小的選手對高大選手的一種有效進攻方法，同時凌空拳因身體凌空，慣性增加，發拳力量大，打擊效果好，常有一錘定音的奇效。

圖41

圖42　　　　　圖43

第二節 腿 技

腿技是指散打比賽中,施技者運用雙腿踢擊的方法。拳語云「手是兩扇門,全憑腿贏人」「手打三分,腿踢七分」。足見腿技在散打中的獨特性和實用性,並且腿技具有其他技法無法比擬的魅力。

一、腿技的特點

(一)具有腿的長度優勢

雙腿具有得天獨厚的長度優勢,因此便會在進攻或防守反擊中「捷足先登」「長驅直入」,體現了「一寸長、一寸強」的踢擊威力;同時利用腿技還能將對手制控在中、遠距離上,從而降低因對手貼身近戰給自己帶來的攻擊危害性。

(二)具有腿的硬度優勢

由於雙腿的先天生理結構和後天承擔著站立、行走等功能鍛鍊,故腿部堅硬強壯。

再加上後天在散打訓練中對腿技的修煉,對搏中的雙腿便會威力無比,獨佔鰲頭!

(三)具有腿的力量優勢

力量是散打制勝的必要因素。拳語云「有力打無力,

大力勝小力」。腿技恰恰擁有此強悍的力道。在散打比賽中，因被腿踢而手臂骨折者、面部湧血者、巨痛倒地者均有之，一腿定乾坤的場景經常出現。

腿技的力量是由發腿時腿部的自重力加上腰胯極速的擺動力組成，故異常的兇猛有力。

（四）具有腿技招式的優勢

在散打的腿技招式中，既有單腿獨發，又有雙腿連踢，既有站立式的腿招，又有凌空式以及地趟的腿招，其變幻莫測，令對手不知所措。

同時因人體生理特點所限，雙腿離對手兩眼的視感區較遠，所以運用腿招具有良好的隱蔽性，常使對手防範困難，屢屢中招。

二、腿技的種類

（一）蹬　腿

蹬腿屬於直線型腿法，有前蹬腿、側蹬腿、後蹬腿之分，既可用於直接搶攻對手，又可用於防守反擊。上盤可以蹬踢頭部、面門，中盤可以蹬擊胸腹、腰背，下盤可以蹬踢大腿、膝關節，在近距離時蹬踢多以腳跟為力點，在中遠距離時多以前腳掌為著力點踢擊對手。

1. 前蹬腿（以右蹬腿為例）

由左實戰姿勢開始。身體左轉90度，左腳向外撐轉，身體重心移至左腿，同時右腿屈膝上提，腳尖微勾起，向

圖1　　　　　　　　　　　圖2

圖3

體前直線蹬出，力達腳跟，上體稍後傾，雙手回護體前，目視腿方（圖1～3）。

2. 側蹬腿（以左側蹬腿為例）

由右實戰姿勢開始。身體右轉180度，右腳隨身體向外擰轉，身體重心移至右腿，同時左腿屈膝上提，腳尖微勾起，向身體左側踢蹬出，力達腳跟，上體稍側傾，雙手

圖4　　　　　　　　　　圖5

回護體前，目視腿方（圖4）。

3. 後蹬腿（以右後蹬腿為例）

由左實戰姿勢開始。身體右轉90度，左腳向裏扣擰，上體前俯身，右腿屈膝上提，腳尖微勾起，向體後直線蹬出，力達腳跟，雙手回護體前，目視腿方（圖5）。

【要點與提示】提膝發腿快捷，蹬地轉腰送胯，支撐腳抓地牢固。

（二）踹　腿

踹腿是散打中最具殺傷力的腿法，也是直線型腿法。有左側踹腿、右側踹腿、轉身側踹腿之分，踢擊時可從高位、中位和低位三個部位來攻擊對手。側踹腿因其速度快，力量大，是許多散打高手善用的腿技之一。

<table>
<tr><td>圖6</td><td>圖7</td></tr>
</table>

1. 左側踹腿（以高位腿為例）

　　由左實戰姿勢開始。身體稍向右轉，重心後移至右腿，左腿屈膝上提，腳尖勾起，小腿稍外翻，直膝展胯向體側踹出，高於頭位，力達腳底，上體側傾，雙手回護體周，目視腿方（圖6）。

2. 右側踹腿（以低位腿為例）

　　由左實戰姿勢開始。身體向左轉180度，左腳外擰，同時右腿屈膝上提，腳尖勾起，小腿稍外翻，直膝展胯向體側踹出，高於膝位，力達腳底，上體側傾，雙手回護體周，目視腿方（圖7）。

3. 轉身側踹腿（以右腿為例）

　　由左實戰姿勢開始。左腳向內擰轉，身體向右轉180

度，同時右腿屈膝上提，直膝展胯向體後踹出，高於肩位，力達腳底，上體前傾，雙手擺至體周，目視腿方（圖8）。

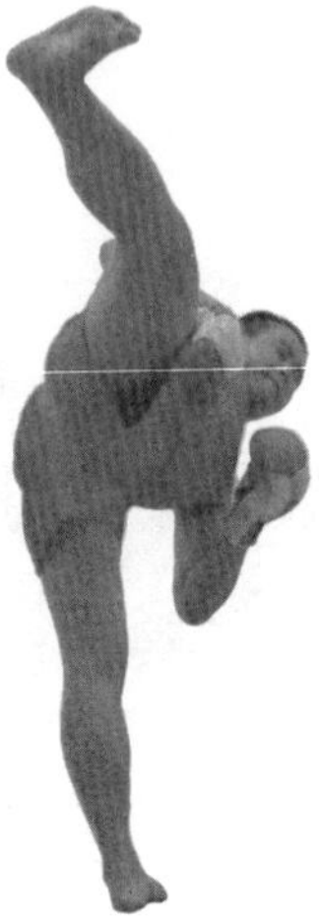

【要點與提示】提膝發腿連貫，蹬地轉腰展胯，出腿大小腿呈一條直線，快出快收。

（三）邊　腿

邊腿又稱鞭腿、側彈腿、橫掃腿。邊腿的動作隱蔽性好，速度快，靈活多變，殺傷力強，是散打比賽中主要的得分技法。邊腿上可以攻擊頭部，中可以攻擊胸腹、腰背、兩肋，下可以攻擊腿部。邊腿內容分為低邊腿、高邊腿和掃邊腿三種。在實戰中常常可以重創對手，克敵制勝。

圖8

1. 低邊腿（以左腿為例）

由左實戰姿勢開始。身體稍右轉，重心移至右腿，同時左腿屈膝上提，小腿向後彎曲，以膝關節為軸迅速向斜前方弧形踢出，力達腳背，高不過膝，支撐腿微屈，雙手回護體周，目視腿方（圖9）。

圖9

圖10　　　　　　　　　　圖11

2. 高邊腿（以右腿為例）

由左實戰姿勢開始。身體重心前移至左腳，左腳以腳掌為軸向外旋擰，同時身體左轉，右腿屈膝上提，右小腿向後彎曲，並向體前弧形踢出，擰腰轉胯，直膝擺腿，力達腳背及小腿脛骨處，高於頭胸，雙手隨擺體右側，上體側傾，目視腿方（圖10、11）。

3. 掃邊腿（以右腿為例）

由左實戰姿勢開始。身體重心前移至左腳，左腳以腳掌為軸向外旋擰，同時身體左轉，右腿屈膝上提，右小腿向後彎曲，並向體前弧形踢出，擰腰轉胯，直膝擺腿，右腿擺掃角度大於180度，上體稍側傾，目視腿方（圖12）。

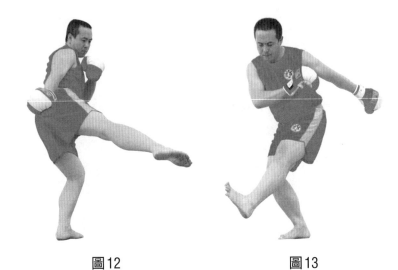

圖12　　　　　　　　圖13

【要點與提示】屈膝上提大小腿的角度可以根據踢擊對手位置高低而變化，發腿之時要有鞭打之力，要快出快收。

（四）勾　腿

勾腿是一種弧線型腿法，並分為左勾腿和右勾腿兩種，多在近距離時使用，是破踢對手腳根，使其跌倒在地的一種腿技。

以左勾腿為例。由右實戰姿勢開始。右腳向右側前方上一步，同時右腿彎曲支撐身體，上體向右轉動，左腳由後向右體前方弧形擦地勾腳尖踢出，收腹合胯直腿發力，力達腳勾，雙手隨身體擺至體左側，目視腿方（圖13）。

【要點與提示】勾踢發力短促，支撐腿屈膝扣趾抓地，以保持身體平衡。

圖14　　　　　　　　　　圖15

（五）旋擺腿

　　旋擺腿又稱轉身後擺腿，屬於旋轉型的腿法，具有力量大、幅度大、難度大等特點。旋擺腿分原地旋擺腿和移步旋擺腿兩種，運用時應配合假動作，專攻對手頭部。

　　以原地右旋擺腿為例。由左實戰姿勢開始。左腳內扣，身體重心前移，並以左腳掌為軸，身體向右後方旋轉360度，隨轉體右腿由下向上弧形擺踢，腳面繃展，力達腳掌及腳後跟，同時上體側傾，雙手隨動體周，目轉視右腿方（圖14）。左旋擺腿動作要領與右旋擺腿相同，唯左右腿不同（圖15）。

　　【要點與提示】轉身以頭領身，撐腳轉腰，展腹開胯，擺腿連貫。

（六）劈　腿

劈腿是一種上下型的腿法，是由上向下進行攻擊的一種有難度的腿法，其力量大、變點多，在運用過程中，令對手難以防守。劈腿分正下方劈腿、內下方劈腿、外下方劈腿、轉身劈腿和翻身劈腿等。在散打比賽中，最常用的是正下方劈腿。

以正下方右劈腿為例。由左實戰姿勢開始。身體重心前移至左

圖16

腳，右腿蹬地快速上擺至頭上方，並鬆胯活腳腕，隨即由上而下直腿向體前劈落，力達腳掌或腳跟，雙手隨身體擺動至體前，目視前方（圖16）。

【要點與提示】送胯舉腿連貫，劈擊時應將身體重心摜壓在右腿上，劈擊高位目標時，支撐腳腳跟可離開地面，以將身體重心拔高，增加下劈腿的力度。

（七）掃　腿

掃腿是一種低位掃轉型的腿法，其中有地趟掃腿和下蹲掃腿兩類，在散打比賽中，運動員運用較多的是地趟掃腿，地趟掃腿又有前地趟掃腿和後地趟掃腿之分。

地趟掃腿有一定的技術難度，但突然性強，踢擊效果明顯，所以運動員要勤修苦練，以便在實戰中能夠遊刃有餘，發腿制人。

圖17

圖18

1. 地趟前掃腿（以右腿為例）

由左實戰姿勢開始。身體重心前移至左腿，左腿順勢屈膝倒地，以大腿和小腿外側著地，同時雙手小臂內側拍擊地面以緩衝身體倒地之力，上體左轉俯身側倒，右腿由後向體前弧形橫掃踢出，腳面繃展，力達腳背及腳內側，目視腿方（圖17）。

2. 地趟後掃腿（以左腿為例）

由右實戰姿勢開始。身體重心前移至右腿，右腳掌向內旋擰，身體順勢左轉俯身下倒，同時右腿屈膝倒地，以大腿和小腿外側著地，用雙手小臂內側拍擊地面以緩衝身體倒地之力，左腿直膝向體左後方弧形橫掃踢出，力達腳跟及後小腿處，目視腿方（圖18）。

圖19　　　　　　　　　　　　　　　　圖20

【要點與提示】倒身敏捷，轉體、掃腿連貫，掃踢腿貼地面而過，運用動作後要迅速起身還原成實戰姿勢。

（八）踩　腿

踩腿又稱攔門腿、截腿，多用於阻截對手小腿和膝關節，分為左踩腿和右踩腿。踩腿隱蔽性好，出腿快捷靈活，常使對手防不勝防。此技法雖不能直接得分，但可瓦解對手的進攻，使對手小腿或膝關節受到重創，從而影響其技術水準的正常發揮。

以右踩腿為例。由左實戰姿勢開始。身體重心前移至左腿，左腿膝關節彎曲，同時右腿屈膝微上提，由屈至伸向體前斜下方踩踢，腳尖外展，力達腳底，雙手隨護體前，目視腿方（圖19）。左踩腿動作要領與右踩腿相同，唯左右腿不同（圖20）。

【要點與提示】發力短促，直膝送胯，動作協調準確。

（九）彈　腿

圖21

拳語云「百腿之母彈為先」。彈腿是散打最基礎的腿法，同時又是最實用的腿法。彈腿以技術性簡單、靈活多變、踢擊範圍廣、快爆迅捷而著稱。特別是彈腿踢襠一招最為兇險，故被散打比賽列為禁用之法。但是彈腿可以佯攻對手，為其他技法做進攻的鋪墊，此外還可以踢擊對手頭部、心窩等要害，其功效不凡。彈腿可單踢，也可連踢。

1. 中位彈腿（以左腿為例）

由左實戰姿勢開始。身體重心後移至右腿，左腿屈膝上提，大腿帶動小腿向體前彈射踢出，高於腹部，同時雙手隨動體周，目視腿方（圖21）。

2. 高位彈腿（以右腿為例）

由左實戰姿勢開始。身體重心前移至左腿，左腳尖稍外展，同時右腿屈膝上提，大腿帶動小腿向體前彈射踢出，高於頭部，同時雙手隨動體周，目視腿方（圖22）。

【要點與提示】出腿快速，轉腰送胯發力，力達腳尖，腳面繃展。

圖22　　　　　　　　　　　　　　　圖23

（十）釘　腿

釘腿堪稱是散打一奇腿，因師承原因，知曉及練習者甚少，能善用此腿法者更是鳳毛麟角。釘腿分為前釘腿、側釘腿、後釘腿和下釘腿。

由於現行散打比賽規則所限，故在實戰中能夠應用的只有前釘腿和側釘腿兩種。釘腿具有隱蔽性好、靈活、踢擊力量大等特點。

1. 前釘腿（以右腿為例）

由左實戰姿勢開始。身體重心前移至左腳，上體稍左轉，同時右腳由後向體前擺腿直膝踢出，上勾腳尖，高不過膝，雙手隨動擺至體右側，支撐腿屈膝，目視前方（圖23）。

圖24

2. 側釘腿（以左腿為例）

由左實戰姿勢開始。身體重心後移至右腳，上體右轉，同時左腿屈膝上提，由左側向體前橫踢而出，腳尖內勾，高不過肩，雙手隨動擺至體左側，支撐腳扣趾牢固，目視腿方（圖24）。

【要點與提示】出腿快速、準確，擺腿直膝發力，力達腳掌及腳尖。

（十一）點　腿

點腿是散打腿法中一種直線型的腿法，有前點腿和後點腿之分。點腿有力點刁鑽、預兆小、速度快等特點，專攻對手要害部位，如頭面、咽喉、側肋等。

前點腿（以左腿為例）：由左實戰姿勢開始。身體重心後移至右腿，上體稍後仰，左腿屈膝上提，由屈到伸向

圖25　　　　　　　　　　　圖26

體前斜上方點踢而出，力達腳尖，雙手回護體前，目視腿方（圖25、26）。

【要點與提示】出腿快速，轉腰送胯，直膝發力。

（十二）掛　腿

掛腿常被練習者忽視，其實掛腿是一種很實用的腿法，是弧線型腿法之一，有左掛腿和右掛腿之分。掛腿上可以踢擊對手面門、胸腹、腰背，下可以掛踢對手膝窩、支撐小腿，同時還可以一腿連環掛踢對手。

1. 右掛腿（以低掛腿為例）

由右實戰姿勢開始。身體重心後移至左腳，上體側傾，右腿屈膝上提，由內向外弧形擺踢，大小腿折疊，高於膝關節，力達腳底，雙手隨動體周，目視腿方（圖27、28）。

圖27

圖28

2. 左掛腿（以高掛腿為例）

由左實姿勢開始。身體重心後移至右腳，上體側傾，左腿屈膝上提，由內向外弧形擺踢，大小腿折疊，高於頭位，力達腳底，雙手隨動體周，目視腿方（圖29）。

【要點與提示】出腿快速，擺腿屈膝，支撐腿穩固。

圖29

（十三）裹合腿

裹合腿屬於橫擺型腿法，既可以進行搶攻，也可以防守反擊。裹合腿分直膝高位裹合腿和屈膝低位裹合腿兩種。

高位裹合腿（以右腿為例）。由左實戰姿勢開始。身體重心移至左腳，上體左轉，同時右腿蹬地由右後方向體

圖30

圖31

前直膝弧行擺踢，力達腳
底，雙手隨身體自然擺動，
目視腿方（圖30、31）。

【要點與提示】轉腰合
胯，扇形擺腿，快速有力，
右腳內扣。

（十四）外擺腿

外擺腿在散打比賽中，
多用於防守對手高位腿的攻
擊，有左外擺腿和右外擺腿
之分。

圖32

以左腿為例。由左實戰姿勢開始。身體重心後移至右
腿，上體稍後傾，左腿由內向外直膝弧形擺踢，力達腳及
小腿外側，雙手隨身體自然擺動，目視腿方（圖32）。

【要點與提示】擺腿快捷有力，擺腿經面前時要有加速度，支撐腿穩固，轉腰展胯。

（十五）後撩腿

圖33

後撩腿分為直膝後撩腿和屈膝後撩腿兩種。因背向對手出腿，故隱蔽性強，特別是撩踢襠部堪稱一絕，其命中率極高，殺傷力極大，故被散打現行規則列為禁用技法，但運用後撩腿尚可踢擊對手頭面、胸腹等要害部位。

直膝後撩腿（以右腿為例）。由左實戰姿勢開始。身體重心移至左腿，左腳向內擰轉，同時上體右轉180度，右腿直膝由下向上至體後挑撩踢出，同時雙手前後擺動，目轉視後方（圖33）。

【要點與提示】蹬地展腹，轉腰擺腿，力達腳底，出收腿快速。

（十六）凌空腿

凌空腿是指身體騰空而踢出的腿法，其中有單腿踢擊和雙腿踢擊兩類。散打比賽中可以運用的凌空腿有凌空彈腿、凌空蹬腿、凌空踹腿、凌空撩腿、凌空外擺腿、凌空下劈腿、凌空旋擺腿、凌空雙踹腿、凌空雙蹬腿等。凌空腿在氣勢上、力度上、高度上都佔有一定的優勢，是散打

圖34 圖35

高手的秘藏技。

1. 凌空彈腿（以右腿為例）

由左實戰姿勢開始。雙腿蹬地身體騰空而起，右腿由後向前飛彈踢出，力達腳尖，高於頭部，同時雙手隨身體自然擺動，目視腿方（圖34）。

2. 凌空側踹腿（以左腿為例）

由左實戰姿勢開始。雙腿蹬地身體騰空而起，左腿直膝向身體左側踢出，力達腳底。同時右腿屈膝回護襠部，雙手隨身體擺動至體前，目視腿方（圖35）。

【要點與提示】騰身輕靈、敏捷，腰胯發力，出腿準確、兇狠。

第二章

散打踢打技法

第一節　拳打招法

　　散打拳打招法是散打實用技術中的精華內容，是經過實修實證，能制勝對手的法寶。其中既有主動搶攻招法，也有防守反擊招法。

　　習練者在實戰時若想求得拳打招法的威力發揮，切記精練拳招，精修拳功，做到精熟用招，出拳時才能遊刃有餘，達到爐火純青之妙境。

圖1

圖2

戰例1：

實戰時，我突然向前進步發左直拳搶打對手面部，對手隨後閃頭避化，接著我連發右直拳狠打其面部，使之受到重創，目視拳方（圖1、2）。

【要點與提示】左右直拳連貫緊密，快速有力，蹬地轉腰，送肩旋臂發力，力達拳面，意念兇狠，呼氣出拳，勁力爆脆。上步一定要踏踩對手中線搶攻，縮短進攻時間，體現出「先下手為強」的特點。

戰例2：

實戰時，我突然進身發右低邊腿搶踢對手左腿外膝處，接著右腳落地，身體重心前移，連發右擺拳連打對手的頭部，使之受到重創，且我左拳回護下頜，目視前方（圖3、4）。

【要點與提示】邊腿、擺拳快速準確，連貫有力，蹬

圖3

圖4

地轉腰，合胯揮臂發力，力達腳背及拳面，意氣力相合。此招搶攻時要突出一個快字，做到「腿似閃電，拳似流星」。正如拳語所講：「百招百解，一快無解。」唯有快才會使對手身處被動，被我所制。

戰例3：

實戰時，我突然上提左腳誘惑對手，接著上右步連發右擺拳攻打其頭部，使之受到重創，同時我右腳跟蹬離地面，左手屈肘回護下頜處，目視拳方（圖5、6）。

【要點與提示】提腿誘引逼真，上步擺拳協調一致，蹬地轉腰發力，力達拳面，意氣力相合。假動作是指掩蓋自己真實意圖的動作，它能使對手產生錯覺，露出漏洞而被我戰勝，但切記假動作的互變原理，即「假中寓真，真中寓假，寓真則假，趁假而真」。

圖5

圖6

戰例4：

實戰時，我突然進步發左直拳搶打對手面部，對手疾用右手拍阻破化，接著我右腳後撤步，身體右轉180度連發右鞭拳狠擊其頭部，使之跌倒在地，失去戰鬥力，目視拳方（圖7、8）。

【要點與提示】左右拳連擊快速有力，移步轉身敏捷，蹬地碾腳，轉腰甩臂，力達拳背，意氣力相合。鞭拳變向出擊，會使對手視覺反應遲鈍，無力防守，從而被我所重擊。

戰例5：

實戰時，我突然發左彈拳誘打對手面門，對手快速後閃避化，接著我向前進步，連出右栽拳狠擊其心窩要害，使之受到重創，且我左拳回護頭側，目視對手（圖9、10）。

【要點與提示】彈拳要逼真，上步栽拳相合一致，蹬

圖7

圖8

圖9

圖10

地轉腰，沉肩旋腕發拳，力達拳面，意氣力相合。此招是指上打下的技法，指上旨在誘引對手注意力防護上盤，而中盤心窩暴露出破綻，恰好為我栽拳所重擊。

戰例6：

實戰時，我突然進步發右翻拳搶打對手面門，使之受到重創，且我左拳屈肘回護下頜處，目視右拳方（圖11）。

【要點與提示】搶攻快速準確，蹬地轉腰，活肘抖腕發拳，力達拳背，意氣

圖11

力相合。雙方交戰時，要做到「舉手不留情，當場不讓步」。全力以赴，挫敗對手。

戰例7：

實戰時，我突然搶發左劈拳攻打對手頭部，對手隨即上架右臂防守，接著我身體向左轉動，連發右後撩拳狠擊其下頜要害，使之受到重創，同時我左拳回護體前，目視對手（圖12、13）。

【要點與提示】劈拳果斷快猛，撩拳突然，蹬地轉腰，扣膝合胯，甩臂發力，意氣力相合。前後移變身形，突出「奇正互變」技理，達到「出其不意，攻其不備」的目的。

戰例8：

實戰時，我突然進步發右蓋拳攻打對手頭頸，接著側上右步連發左蓋拳補打其面部，使之受到重創，目視拳方（圖14、15）。

【要點與提示】連環蓋拳快速準確，一氣呵成，蹬地

圖12

圖13

圖14

圖15

轉腰發力，力達拳心，意念兇狠，呼氣出拳，勁力爆脆。
運用此招時，「膽要過人，勢要逼人，氣要凌人」，猛擊
快打，使對手一敗塗地。

圖16

圖17

戰例9：

實戰時，我突然發左直拳搶打對手頭部，對手疾用左手臂屈肘拍擊破化，接著我進步連招發左直拳狠打其心窩要害，且右手回護下頜處，使之受到重創，目視拳方（圖16、17）。

【要點與提示】左拳連擊快速準確，沉身屈膝，轉腰送肩發力，力達拳面，右腳跟蹬離地面，意念兇狠，呼氣出拳，勁力爆脆。左拳上下連擊變位明顯，一氣呵成，使對手防守顧此失彼。

圖18

圖19

戰例10：

實戰時，我突然上步發右擺拳搶打對手頭部，對手下潛身閃化，接著我回身抽發右鞭拳狠擊其面頰，使之受到重創，且我左拳回護下頜，目視前方（圖18、19）。

【要點與提示】右拳連擊順暢、緊密，蹬地轉腰，揮臂發力，力達拳面及拳背，意到氣到力到。此招為單拳連擊法，又稱回輪拳。當我擺拳擊空後，對手起身之際，正是我回身反抽鞭拳的最佳時機。

戰例11：

實戰時，我突然起左外擺腿攻踢對手頭面，對手疾潛身閃化，接著我落步，連發右栽拳狠擊其頭部，使之跌倒

圖20　　　　　　　　　　　　圖21

在地，失去戰鬥力，且我左拳回護下頜，目視右拳方（圖20、21）。

【要點與提示】展胯直膝，扇形擺腿，蹬地轉腰，鬆肩旋腕發拳，力達拳面，意到氣到力到。栽拳應捕抓對手尚未起身之時打出。

戰例12：

實戰時，我突然發左直拳搶打對手心腹要害，對手隨動向下拍擊破化，接著我以肘關節為軸，順勢向上出翻拳狠打其面頰，使之受到重創，且我右拳回護頭側，目視對手（圖22、23）。

【要點與提示】直拳、翻拳連打快速有力，蹬地轉腰、探臂發力、活肘抖腕、力達觸點，意氣力相合。翻拳擊打對手面頰應順借其拍壓之力出招，則必勝無疑。

戰例13：

實戰時，我突然進步發左勾拳搶打對手心腹，接著連發右蓋拳補打其頭頸，使之受到重創，目視拳方（圖24、

圖22

圖23

圖24

圖25

25）。

【要點與提示】勾拳突然準確，蓋拳蹬地轉腰，屈膝探臂發力，力達拳心，意到氣到力到。此招變點立體進攻，可徹底摧毀對手的心理和身體防線。

戰例14：

實戰時，我突然起左蹬腿搶踢對手腹部，對手受擊含

圖26　　　　　　　　　　圖27

身，接著我左腳落地，連發右勾拳狠擊對手下頜，使之受到重創，且我左拳回護頭側，目視右拳方（圖26、27）。

【要點與提示】蹬腿、勾拳組合連動快速，準確有力，蹬地轉腰發力，力達拳面、腳底，意念兇狠，呼氣出招，勁力爆脆。腳踢中盤，拳打上盤，變點進行攻擊對手，可使其防不勝防，必敗無疑。

戰例15：

實戰時，我突然起中位側踹腿搶攻對手胸部，對手疾用左手向下拍化，接著我左腳下落，連發右劈拳狠擊其頭頸要害，使之受到重創，且我左拳回護下頜，目視右拳方（圖28、29）。

【要點與提示】踹腿快速，劈拳緊密，力由腰發，力達觸點，意念兇狠，呼氣發力，勁力爆脆。踹腿、劈拳組合流暢，形成立體攻勢，令對手無所適從，被我重擊。

戰例16：

實戰時，我突然發右劈拳搶打對手面門，對手隨即側

圖28　　　　　　　　　　圖29

圖30　　　　　　　　　　圖31

閃身避化，接著我右腳上步，連發右鞭拳狠打其頭頸要
害，使之受到重創，目視右拳方（圖30、31）。

【要點與提示】出拳快猛，準確有力，蹬地轉腰，力
達拳輪及拳背，意氣力相合。右拳連擊要連貫，右步側上
是為貼靠對手，體現出「沾衣發力」的特點。

圖32　　　　　　　　　　圖33

戰例17：

實戰時，我突然進身發左勾拳打擊對手下頜，對手後閃頭避化，接著我連招順勢向下發左劈拳狠砸其頭部，使之受到重創，且我右拳回護體前，目視左拳方（圖32、33）。

【要點與提示】勾拳快速，劈拳連貫，蹬地轉腰，旋臂探背發力，力達拳面及拳輪，意到氣到力到。左拳上下連擊，可在實戰中贏得寶貴時間，捕抓到對手頭位空檔，擊之必勝。

戰例18：

實戰時，對手突然起右高位邊腿攻踢我頭部，我快動應變，雙手向外拍擊破化來腿，接著我進步連發左擺拳狠擊其頭部，使之受到重創，目視拳方（圖34、35）。

【要點與提示】拍擊準確有力，蹬地轉腰發力，力達觸點，移步擺拳配合協調、流暢，意念兇狠，呼氣出拳，勁力爆脆。拳語云「料敵在先，察機在目」，運用此招時要有敏銳的觀察力，才能體現出以快打慢的技擊原理。

圖34　　　　　　　　　圖35

圖36

戰例19：

　　實戰時，對手快發右直拳搶打我面門，我快動應變，左手向外拍擊破化來拳，同時我發右劈拳狠擊其頭面，使之受到重創，目視對手（圖36）。

　　【要點與提示】拍擊及時準確，劈拳鬆肩探臂，力達拳輪，意念兇狠，呼氣發力，勁力爆脆。此招亦攻亦守，

圖37 圖38

攻守結合。在實戰中能夠變被動為主動，戰勝對手，保全自己。拳語所講「長手不離短手，上手不離下手，打手不離救手，救手不離補手」正屬此理。

戰例20：

實戰時，對手快出左前蹬腿攻踢我心腹，我快動應變，左手向下拍阻破化來腿，接著我順勢連發左翻拳狠打其面門，使之受到重創，同時我右拳回護下頜處，目視左拳方（圖37、38）。

【要點與提示】沉身拍阻及時準確，翻拳蹬地轉腰，活肘探臂發力，力達拳背，意到氣到力到。用招時，「視人如蒿草，打人如走路」，出招要自然，不可做作。

戰例21：

實戰時，對手突然發左右直拳連續攻擊我頭、面，我快出右、左連環挑拳破化其進攻，接著我沉身補發右直拳反擊其心窩要害，使之受到重創，同時左拳回護頭前，目視右拳方（圖39～41）。

散打基礎技法精要

圖39　　　　　　　　　　圖40

圖41

【要點與提示】連環挑拳接位準確，直拳蹬地轉腰，送肩發力，力達拳面，意氣力相合。挑拳應走內線，貼面向上挑擊；直拳要捕抓對手中盤出現空檔時進招。

戰例22：

實戰時，對手突然出右直拳搶打我面門，我快動應變，用左手外拍來拳，同時連發右撩拳狠擊其腹部，使之

圖42

圖43

受到重創，目視對手（圖42）。

【要點與提示】防守準確有力，撩拳沉身屈膝發力，力達拳輪，意到氣到力到。借招打招應在對手出招之前，意念有「預動」才能有感發拳。

戰例23：

實戰時，對手突然發右直拳攻打我頭部，我快動應變，潛身閃化來拳，同時上體稍前傾，沉臀屈膝，連發右直拳阻打其心腹，使之受到重創，且我左拳回護下頜處，目視拳方（圖43）。

【要點與提示】潛身躲閃及時，出拳進攻快猛，轉腰蹬地發力，力達拳面，意念兇狠，呼氣出拳，勁力爆脆。運用此招法時要做到「意在他先」，捕抓恰當的阻擊時機，當觀察到對手肩部有微動之感時，即可出拳阻擊。

圖44

戰例24：

　　實戰時，對手突然起左中位側踹腿攻踢我胸部，我快動應變，雙手合抱後拉破化來腿，接著我向前進步連發左彈拳狠擊對手面門，使之受到重創，且我右拳屈肘回護體前，目視前方（圖44、45）。

圖45

　　【要點與提示】接抱腿準確有力，屈膝沉臀，含胸拔背，移步彈拳協調一致，蹬地轉腰，開臂抖腕發力，力達觸點，意念兇狠，呼氣發力，勁力爆脆。接抱腿後拉與前移步彈拳時，要做到身形變化明顯，且借對手回抽腿之際，我順勢借力發拳。

　　戰例25：

　　實戰時，對手快動發右前蹬腿攻踢我胸腹，我快動應

圖46　　　　　　　　圖47

變，用左手向外掛撥破化來腿，接著右腳向後插步，雙腳擰轉，身體向左轉動，連發右鞭拳狠擊其背部，使之受到重創，且我左拳回護下頜處，目視右拳方（圖46、47）。

【要點與提示】掛撥及時，移步、轉身、鞭拳協調一致，調肩甩臂，力達拳背，意氣力相合。拳語有「打法容易上身難」。上身需步法和時機相互適宜配合，才能得心應手，故借蹬腿被化解的瞬間，應疾步轉身發拳。

戰例26：

實戰時，對手突起左高位側踢腿搶踢我胸部，我快動應變，用右劈拳劈擊破化來腿，接著我側上右步連發左劈拳狠擊其面部，使之受到重創，且我右拳回護頭側，目視拳方（圖48、49）。

【要點與提示】劈拳及時準確，上步出拳協調一致，蹬地轉腰，鬆肩探臂發力，意氣力相合。劈拳呈斜十字發力，令對手無法逃離。

圖48

圖49

圖50

戰例27：

　　實戰時，對手快進出右勾拳抄打我心腹，我快動應變，左手下拍來拳，同時發右翻拳狠打其面門，使之受到重創，目視對方（圖50）。

圖51　　　　　　　　圖52

【要點與提示】防守及時準確，轉腰抖臂，沉身活肘發力，力達拳背，意念兇狠，呼氣出招，勁力爆脆。拳語云：「不怕對手千招會，只求自己一招精。」在防守技法中，要精修幾招絕活，才能做到「兵來將擋，水來土掩」，克敵制勝。

戰例28：

實戰時，對手突然發左直拳搶打我頭部，我快動應變，發左勾拳破擊來拳，接著我向前進步連發右勾拳狠擊對手下頜要害，使之跌倒在地，且我左拳回護頭側，目視對手（圖51、52）。

【要點與提示】勾拳及時準確，連貫有力，蹬地轉腰，旋臂展腹發力，力達拳面，意氣力相合。所謂「兵無常勢，水無常形」。我突然用勾拳破化直拳，令對手始料不及，在疾步向前移動中發右勾拳，可獲取最大的打擊力，從而重傷對手。

圖53

圖54

戰例29：

實戰時，對手快發左直拳搶打我胸部，我快動應變，右手臂屈肘橫向格擋破化來招，接著我連發右鞭拳抽打其面頰，使之受到重創，同時我左拳回護體前，目視右拳方（圖53、54）。

【要點與提示】擋臂準確，小臂向內滾擰，鞭拳直肘抽打，轉腰送肩，力達拳背，意氣力相合。格擋來拳時，我腰向左稍轉。鞭拳應借對手來拳回抽之力順勢打出，身體重心前移，後腳跟蹬離地面，以增大打擊力度。

戰例30：

實戰時，對手快起右中位邊腿攻踢我側肋，我快動應變，身體隨轉用左手摟抱來腿，同時發右劈拳狠擊其頭頸要

圖55

圖56

害，使之跌倒在地，失去戰鬥力，目視右拳方（圖55）。

【要點與提示】接腿及時有力，蹬腿轉腰發拳，力達拳輪及小臂外側，意氣力相合。我接腿時應順勢回拉，不可硬頂，左臂回拉之力與右拳下劈之力相合，極易使對手失衡倒地。

戰例31：

實戰時，對手突然進身發左頂膝攻擊我腹部，我快動應變，身體向左閃轉，且用右手臂向外抄掛破化來膝，同時出左栽拳狠擊其腹部，使之跌倒在地，失去戰鬥力，目視左拳（圖56）。

【要點與提示】抄膝準確有力，栽拳力由腰發，力達拳面，意到氣到力到。右手抄膝暗含向外「四兩撥千斤」之妙，右手上抄之力與左拳下栽之力相合一致，必會使對手失衡倒地。

戰例32：

實戰時，對手突然發左中位側踹腿攻踢我胸部，我快

圖57　　　　　　　　　圖58

動應變，用雙手合抱回拉破化來腿，接著向前進步連發左翻拳狠打其頭頸，使之受到重創，同時我右拳回護體前，目視對手（圖57、58）。

　　【要點與提示】接腿準確，移步翻拳配合協調一致，蹬地轉腰，探臂抖腕發力，力達拳背，意到氣到力到。雙手向體後回拉對手左腿，其必向反方向脫腿，此時我順勢順力用翻拳追打，極易重創對手。

　　戰例33：

　　實戰時，我突然起右中位邊腿攻踢對手側肋，對手疾速變招用雙手鎖抱我腿欲發摔技，我快動應變，連用右直拳反擊其頭部，使之受到重創，且我左手回護下頜處，目視右拳方（圖59）。

圖59

圖60

【要點與提示】左腳扣趾抓地牢固，右膝挺直，轉腰送肩發力，力達拳面，意氣力相合。我邊腿被對手接抱時，不可慌張，而應快速挺膝，使對手無法近身施摔，同時為我右拳反擊提供了有效的打擊距離，出右拳要隨機應變，可單擊拳或連擊對手。

戰例34：

實戰時，對手突然用轉身旋擺腿攻踢我胸部，我快動應變，上右步用右手臂外擋破化來腿，同時發左栽拳狠擊其腰部，使之受到重創，目視拳方（圖60）。

【要點與提示】擋臂準確有力，上步栽拳協調一致，沉身墜臂旋腕發拳，力達拳面，意氣力相合。應在對手轉身瞬間我追擊發拳，一可避化對手的腿攻，二可配合身體移動的慣性，提升我栽拳的打擊力度。

戰例35：

實戰時，對手突然發右高位邊腿狠踢我頭部，我快動

圖61　　　　　　　　　圖62

應變，左腳向前上步，左手臂屈肘外擋破化來腿，同時出右直拳重擊其胸部，使之跌倒在地，受到重創，目視前方（圖61）。

【要點與提示】移步、上擋臂、發拳同動一致，擋臂時手臂向外旋擰以增加抗擊力，蹬地轉腰，送肩直肘發力，力達拳面，意氣力相合。此招為後發先制技法，當對手初起高邊腿時，我借招反打，可以破化對手邊腿正常發力，同時因對手「高腿一起半邊空」，身體平衡性差，此時極易被我擊倒。

戰例36：

實戰時，對手突然進身用雙手抱控我雙肩，發右頂膝攻擊我心腹，我快動應變，左手向下拍阻來膝，同時發右勾拳向上抄打對手下頜，使之受到重創，目視前方（圖62）。

【要點與提示】沉身轉腰，拍阻勾擊協調一致，防膝

圖63　　　　　　　　圖64

準確，意氣力相合。左右手出招應形成上下爭力，拍打同動、快猛。

戰例37：

實戰時，對手突然發左劈拳由上而下劈打我面門，我快動應變，用右手臂上挑破化來拳，同時發左直拳反擊對手頭部，使之受到重創，目視前方（圖63）。

【要點與提示】挑擊及時有力，蹬地轉腰連貫一致，力達觸點，意念兇狠，呼氣發力，勁力爆脆。我右手臂挑擊應貼面而起，以此保護好自己的「門戶」不受打擊，應用此招時需要有十足的膽力，過硬的功夫，敏銳的洞察力，才能穩操勝券。

戰例38：

實戰時，對手突然發左劈腿攻踢我頭部，我快動應變，發左挑拳破化來腿，接著我上右步連發左劈拳狠擊其頭頸，使之受到重創，目視對手（圖64、65）。

【要點與提示】挑拳準確有力，上步劈拳配合一致，

圖65　　　　　　　　　圖66

沉身轉腰揮臂發力，力達觸點，意氣力相合。挑拳應走外
線，體現出「四兩撥千斤」之妙。上步劈拳要體現出「手
腳齊到方為真」。

戰例39：

實戰時，我突然起右高位邊腿狠踢對手頭部，對手疾
用雙手鎖抱我腿欲發摔技，我隨之連發右彈拳反擊其面
部，破解其進攻，同時我左拳回護下頜，目視前方（圖
66）。

【要點與提示】左腳扣趾穩固，右腿前頂，彈拳抖打
準確，力達拳背，意到氣到力到。我前頂被抱腿，可以防
止對手進身施摔成功，同時為我右拳打擊提供了有效距
離。右拳單擊或連擊，應隨機應變。

戰例40：

實戰時，對手突然發右直拳搶打我胸部，我快動應
變，用左蓋拳向下破化，接著我左腳向前墊跳，身體凌
空，連發右直拳狠擊其頭面，使之受到重創，目視右拳方

| 圖67 | 圖68 |

（圖67、68）。

【要點與提示】蓋拳防守準確有力，騰身敏捷，凌空右直拳直肘發力，力達拳面，意氣力相合。凌空拳在氣勢上、在打擊力度上以及空間體位上都具有優勢，故散打選手應加強修煉，大膽使用，必定會收到令人滿意的效果。

第二節　腿踢招法

腿踢招法堪稱散打技法中最具殺傷性的招術，善精此功者，常會使對手望腿生畏，不敢近身。腿招修煉一定需將力度、硬度、速度、準度等要素融合進行練習，才能日漸熟練，達到出腿勝人的佳境。

腿踢招法分為站立腿法、地躺腿法及凌空腿法等。

戰例1：

實戰時，我突然上左步發右直拳攻打對手的面門，對

圖1　　　　　　　　　　圖2

手後移步閃化，接著我連招出右前蹬腿狠踢對手的心腹，使其受到重創，同時我雙手自然擺動，目視對手（圖1、2）。

【要點與提示】上步、出拳相合一致，蹬腿準確快爆，力由腰發，力貫腳底，拳腿組合緊密連貫。拳語云，「進攻是最好的防守」

圖3

「先下手為強，後下手遭殃」。所以善於運用此連環技者，在實戰時極易制勝對手。

戰例2：

實戰時，我突然左墊步快發右高位側踹腿搶攻對手的頭頸，使其受到重創，同時我雙手隨踹腿擺至體側，目視腿方（圖3）。

圖4

【要點與提示】墊步快捷，出腿順暢，轉腰展胯發力，力達腳底。出腿時要減少預兆，切記「有意不帶形，帶形必不贏」。

戰例3：

實戰時，我突然左轉身發右後撩腿攻踢對手腹部，對手快動用手臂向下拍阻我腿，接著我連發左後撩腿連踢對手頭部，使其喪失戰鬥力，我雙手隨前後擺動，目轉視後方（圖4、5）。

【要點與提示】雙腿撩踢連貫緊湊，蹬地擺腿活胯發力，力達觸點，支撐腳抓地牢固，意氣力相合。此招法是散打腿技中較為奇特的一種腿法，善用者甚少，大多數選手防守能力較弱，故用轉身後撩腿踢擊對手極易成功。

戰例4：

實戰時，我突然左轉身快發右邊腿狠踢對手的左大腿外側，使其受到重創。同時我雙手擺至身體右側，目視腿方（圖6）。

圖5

圖6

【要點與提示】搶攻果斷準確，支撐腿屈膝，支撐腳扣趾抓地，擰腰合胯發力，力達腳背。出招時我透過目視對手上體進行佯攻，然後聲東擊西踢擊其下盤。

戰例5：

實戰時，對手突然上右步潛身用抱腿摔技搶攻我，我快動發左前蹬腿狠踢對手右肩部破阻其進攻，同時我雙手

圖7

回護胸前，目視腿方（圖7）。

【要點與提示】反應敏捷，出腿伺機而踢，果斷快速，呼氣發腿，力達腳底，意念兇狠，發力爆脆。出前蹬腿時切記腿部不要僵硬，以免被對方前衝而撞出。

戰例6：

實戰時，我突然發右前蹬腿搶攻對手的心窩，對手遂用左抄手破化我的腿攻，同時對手還發右直拳補打我的面門，於是我身體向左閃轉，左腳前墊步，再次用右蹬腿連踢對手的腹部，使其受到重創，我雙手自然擺動，目視腿方（圖8、9）。

【要點與提示】右腿連蹬快速，一蹬用腳跟向前發力，二蹬用腳掌向下發力；墊步靈活，轉腰送胯發力。因我蹬腿觸點的變化，會使對手防守困難，凸顯「腿踢連環人難防」的功效，出腿發力時應遵循「起於根節，傳於中節，達於梢節」的原則。

圖8　　　　　　　　　　　圖9

圖10　　　　　　　　　　　圖11

戰例7：

　　實戰時，我突然發左低側踹腿踢擊對手的膝關節，接著連發左高位側踹腿補踢對手的頭面，使之受到重創，我雙手隨側踹腿擺至體周，目視腿方（圖10、11）。

　　【要點與提示】踹腿連踢時左腳不落地，一氣呵成，蹬地展胯發力，力貫腳底，支撐腳抓地牢固。高踹腿要捕

<table>
<tr><td>圖12</td><td>圖13</td></tr>
</table>

圖12　　　　　　　　　　　圖13

抓對手受到低踹腿踢擊、身體前傾之時踢出。

戰例8：

實戰時，我突然發左手彈拳搶打對手的頭部，對手後撤左步閃化，接著我身體向右轉，連發左後蹬腿狠踢對手的胸腹，使其受到重創。同時我雙手回護體前，目視後方（圖12、13）。

【要點與提示】拳、腿組合連擊流暢，快速準確，探肩抖臂發拳，擰腰展胯發腿，力達拳背與腳底。拳腳連擊，變向變點，旨在指上打下，制勝對手。

戰例9：

實戰時，我突然搶發左蹬腿阻踢對手的腹部，然後接著右腿蹬地連發凌空右蹬腿踢擊對手的胸部，使其受到重創。我雙手隨身體騰空擺動至體周，目視腿方（圖14、15）。

【要點與提示】出腿快猛，左右腿連踢一氣呵成，不給對手喘息的機會。轉腰送胯發力，力貫腳底，蹬腿時應大小腿折疊，由屈到伸直線發出，意氣力相合。

圖14　　　　　　　　　　圖15

圖16　　　　　　　　　　圖17

戰例10：

實戰時，我突然發左彈拳搶打對手的面門，接著右墊步連發右側踹腿狠踢對手的胸部，使其受到重創，我目視腿方（圖16、17）。

【要點與提示】抖臂活腕，展胯裏膝發力，力達拳背、腳底，拳腳組合緊密，不可脫節，意念兇狠，勁力爆脆。

圖18　　　　　　　　　　圖19

出腿的最佳時機應在我左拳搶打後、對手胸位暴露之時。

戰例11：

實戰時，我突然發右外掛腿連踢對手的前腿膝窩和頭部，使其受到重創。同時我雙手自然在體側擺動，目視腿方（圖18、19）。

【要點與提示】搶攻快猛，右腿連踢緊密，支撐腳抓地；轉腰展胯，屈膝發力，力達腳掌，意念兇狠，意氣力相合。支撐腿膝部的屈伸可以調節掛腿的高度，在實戰運用時要多加注意。

戰例12：

實戰時，我突然搶先發左踩腿攻踢對手的右腿膝部，接著身體右轉180度連發左後撩腿連踢對手的頭部，使其受到重創，我雙手遂由胸前向身體前後擺出，目轉視對方（圖20、21）。

【要點與提示】出腿快猛連貫，轉腰展胯發力，力達腳底。在左腿連踢時腳要不落地面，支撐腿扣趾抓地，同

圖20　　　　　　　　　　圖21

圖22　　　　　　　　　　圖23

時右轉腰與右擰腳協調一致。

　　戰例13：

　　實戰時，我突發右勾踢腿攻踢對手前支撐腿腳根，對手上提腿閃化，我接著落右步左轉身連發左旋擺腿狠踢對手的頭部，使其頭部受到重創。同時我雙手回護體前，目視腿方（圖22、23）。

圖24　　　　　　　　　　　　圖25

【要點與提示】勾踢轉身合胯直膝抄腳，力貫腳勾，旋擺腿撐腳擺胯，力貫腳底及腳後跟。雙腿連踢順暢，高低錯位踢擊對手，使對手顧此失彼，防不勝防。

戰例14：

實戰時，我突然用後裏合腿搶攻對手頭部，對手快變下潛身閃避我腿攻，我接著左轉身，右腳不落地連發後撩腿狠踢對手胸、面，使其胸、面受到重創，我雙手隨前後擺動，目視腿方（圖24、25）。

【要點與提示】裏合腿、後撩腿緊密相連，一氣呵成，蹬地撐腰合胯發力，力達觸點，支撐腿牢固穩健，意念兇狠，勁力快爆。用腿攻踢對手要有組合連踢的意識，當一招不中，可再連招補踢，達到「腿踢連環人難防」之境界。

戰例15：

實戰時，我突然發左低側踹腿阻踢對手左大腿，接著左腳下落地，雙腳蹬地，身體騰空連發凌空左側踹腿狠踢

圖26　　　　　　　　　　圖27

圖28

對手頭部，使之中招倒地，失去戰鬥力，同時我雙手隨動體周，目視腿方（圖26～28）。

　　【要點與提示】雙踹腿連貫緊湊，裏膝展胯發力，力達腳底，意念兇狠，動作凌厲。運用凌空側踹腿時應「提氣」出腿，以增加身體的騰空高度。

圖29　　　　　　　　　　圖30

戰例16：

實戰時，我突然上左步發右勾腿攻踢對手左前支撐腿腳根，對手上提腿閃化，接著我右腿上擺連發下劈腿補擊對手頭、背，使之受到重創，同時我雙手隨身體擺動，目視腿方（圖29、30）。

【要點與提示】勾、劈腿相連一體，轉腰活胯發力，力達腳勾及腳跟，下勾與上劈變向、變點的踢法組合，使對手防不勝防，達到穩中求勝的效果。

戰例17：

實戰時，對手突然用右直拳搶攻我的面門，我快動應變，側上左步用左手向外拍擊破化其來拳，同時發右低邊腿狠踢對手左大腿外側，使其受到重創，目視對手（圖31）。

【要點與提示】上步、拍擊、邊踢協調一致，快速準確，轉腰合胯發力，力達右腳背，意念兇狠，勁力通透。運用此招時要做到攻守同動。

圖31

圖32

戰例18：

實戰時，對手突然發左高位側踹腿攻踢我頭部，我快動應變，上體左閃用右手臂屈肘上架破化來腿，同時發右低側踹腿猛踢對手支撐腿內膝處，使之跌倒在地，失去戰鬥力。且我左手回護下頜處，目視腿方（圖32）。

【要點與提示】閃身、架腿協調一致，踹踢快速準確，擰腰展胯發力，力達腳底，意念兇狠，勁力快爆。上架手

圖33　　　　　　　　　　圖34

臂肌肉收縮以增加對抗力，手臂應向對手身後斜上方用力，與踹腿斜下方相合一體，將對手踢翻在地。

戰例19：

實戰時，對手突然用右擺拳搶打我頭部，我快動應變，身體向後移閃避避來拳，同時發左低掛腿狠踢對手前支撐腿外膝處，使之跌倒在地，我目視腿方（圖33）。

【要點與提示】掛腿時提膝外擺，以膝關節為軸弧形回掛，準確有力，轉腰展胯發力，力達腳底，意氣力相合。掛腿的隱蔽性非常好，常使對手不能及時察覺而中招。

戰例20：

實戰時，對手突然上步出左直拳打擊我頭部，我快動應變，側上右步外閃來拳，同時發左點腿狠踢對手側肋要害，使其肋部受到重創，我雙手回護體前，目視腿方（圖34）。

【要點與提示】側閃、移步及時快速，點腿準確有力，轉腰送胯、直膝發力，力達腳尖，意氣力相合。點腿是腿部屈膝上提、直線向前點踢的一種腿法，專門攻擊對手要

圖35

害部位，殺傷威力強大。

戰例21：

實戰時，對手快發右高邊腿攻踢我頭部，我快動應變，用雙手十字接抱回拉來腿破化，同時左轉身發右橫釘腿狠踢對手胸部，使其胸部受到重創，目視腿方（圖35）。

【要點與提示】接腿牢固，釘腿直膝橫擺，轉腰合胯，力達腳尖，意氣力相合。擰腳轉身接腿既可以破化對手邊腿正常攻擊點，又為我橫釘腿提供了出腿空間。

戰例22：

實戰時，對手快發右直拳攻打我面門，我快動應變，用右手屈肘向外格擋破化來拳，接著我左轉身連發左後旋擺腿連踢對手頭部，使其受到重創，我雙手隨動，目視腿方（圖36、37）。

【要點與提示】格擋準確有力，右腳向內擰轉，側身展腹擺腿發力，力達腳底及腳跟，意念兇狠，動作快猛。發旋擺腿時要借格擋之力順勢踢出，不能脫節。

圖36　　　　　　　　　　圖37

戰例23：

　　實戰時，對手突然上右步出右橫擺拳摜打我頭部，我快動側閃左步下潛身避化來拳，接著我連發右勾踢腿狠踢對手前支撐腿內踝處，使之跌倒在地，失去戰鬥力，同時我雙手回護體周，目視對手（圖38、39）。

　　【要點與提示】潛閃身、移步協調一致，快速及時，勾踢合胯擺腿發力，力達右腳勾，意念兇狠，勁力爆脆。潛閃身時我要用眼睛餘光上視來拳手臂，不可閉眼，以防被對手擊中。勾踢腿貼地而起，短促有力。

戰例24：

　　實戰時，對手突然上左步出右直拳打擊我胸部，我快動應變，用左手臂屈肘向下拍擊破化來拳，同時發右前踩腿狠踢對手左膝部，使其受到重創，目視腿方（圖40）。

　　【要點與提示】拍擊來拳及時準確，右踩腳腳尖外展，送胯擰腿發力，力達腳底，意氣力相合。踩腿應向我體前斜下方發力，防守與進攻同動一致。

圖38

圖39

圖40

圖41

戰例25：

實戰時，對手快發左邊腿踢擊我胸部，我快變身體右轉，用雙手上下鎖抱來腿，同時發左低側踹腿狠踢對手的支撐腿內膝，使之跌倒在地，我目視腿方（圖41）。

【要點與提示】雙手接腿準確，側踹有力，擰腰展胯發力，力達腳底，意氣力相合。雙手接腿後拉與踹腿前踢

圖42

圖43

形成爭力，令對手無法掙脫。

戰例26：

實戰時，對手突然起左高邊腿踢擊我的頭部，我快動應變，進左步用右手臂外磕其來腿，同時發右低邊腿狠踢對手支撐腿，使之跌倒在地，受到重創，我左手回護下頜處，目視腿方（圖42）。

【要點與提示】轉腰擺腿發力，力達腳背。移步是為了錯開對手邊腿的正常攻擊點，同時也是為我的低邊腿產生加速度，增加踢擊力度。

戰例27：

實戰時，對手突然左轉身發左後旋擺腿攻踢我的面部，我快動應變，用右前蹬腿阻踢對手臀部破化其來招，同時我雙手回護胸前，目視腿方（圖43）。

圖44

圖45

【要點與提示】蹬腿快捷，轉腰送胯直膝發力，力貫腳底。出腿時上體要左轉並向後稍仰身，以增加腿的攻擊長度，發腿時要盡力做到起止點在一條直線上，因為兩點之間的距離最短，便於阻踢成功。

戰例28：

實戰時，對手突然發左中位側踹腿攻踢我的胸部，我快動應變，用右手臂向下拍擊其來腿，接著我向右轉身連發左高邊腿狠擊對手的胸部，使其受到重創，我雙手隨邊腿向身體左後方擺動，目視對手（圖44、45）。

【要點與提示】拍腿短促有力，轉身擰腰，合胯發力，力達腳背及小腿脛骨處。記住：對手左腿被拍擊下落的瞬間，是我邊腿反擊的最佳時機。

圖46

圖47

戰例29：

實戰時，對手突起左高邊腿攻踢我頭部，我快動應
變，用雙手十字接抱來腿，接著我扣摞左腳，身體向右後
轉連發右旋擺腿狠踢對手頭部，使其頭受到重創，目視腿
方（圖46、47）。

【要點與提示】接腿牢固，摞腰擺腿展腹開胯，力達
腳底。接腿時我重心稍後移，右手在上，左手在下呈十字
形合抱來腿；上體側傾以增加旋擺腿的攻擊距離。

戰例30：

實戰時，對手突然上步潛身用抱腿摔技進攻我，我快
動應變，發右後彈腿迎踢對手的面門，使其面部受到重
傷，我雙手隨動體側，目視對手（圖48）。

【要點與提示】見招打招，反應敏捷，出腿快準，含
胸收腹、小腿彈射發力，力貫腳背及腳尖。對手面部被
擊，常會因血流不止而落敗。

圖48

圖49

戰例31：

實戰時，對手突然出左直拳打擊我的面門，我快動應
變，上體向右側閃，用右手臂外拍破化其來拳，同時發左
高邊腿狠踢對手的頭頸，使其受到重創，我目視腿方（圖
49）。

【要點與提示】閃身、拍擊、邊踢三動合一，快準有
力，轉腰合胯，大小腿鞭打發力，力達觸點。用招時要有
敏銳的觀察力、應變力和膽力。若重擊對手，必有一錘定
音之奇效。

戰例32：

實戰時，對手突然發左低邊腿攻踢我的腿部，我快動
應變，用左前蹬腿向體前斜下方阻踢破化其來腿，同時我

105

|圖50|圖51|

雙手回護體周，目視腿方（圖50）。

【要點與提示】出腿及時準確，送胯、直膝發力，力達腳底。發腿時應快出快收，並且減小預動，還要注意與其他技法結合使用。

戰例33：

實戰時，對手突然用轉身左旋擺腿攻踢我的頭部，我快速應變，疾速側倒身，同時用前掃腿反擊對手支撐腿的根部，使其跌倒在地，受到重創，我目視腿方（圖51、52）。

【要點與提示】見招打招，快準有力，倒地突然快捷，用雙手臂及左大腿外側著地，同時轉腰、擺掃腿相合發力，力達右腳背。運用此招時，上下錯位、避實就虛踢擊對手，使其防不勝防。

戰例34：

實戰時，對手突然上步用雙手摟抱我上體欲施摔技，我遂用雙手向前推頂其肩部，然後反借對手回頂之力，快

圖52

圖53

圖54

動應變，身體向後倒地，用雙手抱拉對手頭頸部，同時出右上蹬腿蹬擊對手的腹部，將其從我頭頂上方蹬翻跌倒在地，目視對手（圖53、54）。

圖55

圖56

【要點與提示】倒地團身、含胸、收下頜,雙手抱拉與右上蹬腿協調一致,快速準確。此招多用於擂臺邊際,旨在將對手蹬下擂臺。

戰例35:

實戰時,對手突然發左高邊腿踢擊我頭部,我快動應變,用右外擺腿向外擺踢破化來腿,接著我右腳下落步,身體右轉連發左下劈腿狠踢對手肩部使其受到重創,目視腿方(圖55、56)。

【要點與提示】外擺腿展胯發力,接位準確,劈腿直

圖57

圖58

膝下擺，力達腳跟及腳底，雙手隨動體周。以腿破腿，奇特有效，是應大力提倡的好招法。左腿劈擊易使對手肩部鎖骨骨折，最終導致其敗陣。

戰例36：

實戰時，對手突然發左高位側踹腿攻踢我的頭部，我快動應變，用倒身左後掃腿反擊對手支撐腿的根部，使其跌倒在地，失去戰鬥力，我目視腿方（圖57、58）。

【要點與提示】反應靈敏，倒地快速，要用雙手及右大腿外側支撐地面，同時轉腰擺腿發力，力達腳跟。倒身後掃腿可以閃化對手的腿攻，也可因對手的視感出現盲區而讓我得手。

第三章

散打功法訓練

第一節 拳功訓練法

一、樁功訓練

拳語云「樁功是個寶，拳家離不了」「練拳不練功，到老一場空」。樁功是武術重要功法內容之一，散打樁功訓練包括健身樁和實戰樁兩類。

1. 健身樁

（1）高位健身樁

練習者雙腳開步，寬與肩同，腳尖朝前，雙腿自然站立，圓襠鬆胯，開胸實腹，沉肩墜臂，舒指活腕，虛靜含頜，閉眼正容，合齒舔齶（圖1）。

圖1

（2）低位健身樁

練習者雙腳開步，寬與肩同，腳尖朝前，雙腿屈膝120～150度站立，圓襠鬆胯，開胸實腹，沉肩墜臂，舒指活腕，虛靜含頜，閉眼正容，合齒舔齶（圖2）。

【要點與功效】身體虛鬆，意念靜空，氣息順暢。每次練習10～30分鐘。健身樁能夠激發人體「內氣」，通筋絡，活氣血，強身健體。

圖2

2. 實戰樁

（1）定位實戰樁

練習者雙腳前後開步，左腳尖向前，右腳跟提離地面，雙膝微屈自然站立，鬆胯斂臀，含胸裹背，圓襠收肛，拔頸實腹，雙手臂環抱於體前，左臂屈肘大於90度前置，右臂屈肘小於90度回收下頜處，目視前方（圖3）。

（2）晃動實戰樁

練習者雙腳前後開步，左腳尖向前，右腳跟提離地面，雙膝微屈自然站立，鬆胯斂臀，含胸裹背，圓襠收肛，拔頸實腹，雙手臂環抱於體前，左臂屈肘大於90度前置，右臂屈肘小於90度回收下頜處，身體前後移動，重心晃動，目視前方（圖4）。

【要點與功效】周身合整、鬆沉，模擬實戰對搏的複

圖3   圖4

雜情景，亦守亦攻，攻守兼備，氣息順暢自然，每次練習
20～30分鐘。實戰樁訓練能夠達到氣血通暢，身形敏捷靈
活，下盤穩固，架式合整平衡，此外還可以提高練習者攻
擊力、抗擊力和實戰耐力，特別是晃動實戰樁，能夠深刻
體會到周身平衡和爭力感。

二、揉功訓練

1. 揉腕練習

　　雙方均以右腳在前，左腳在後開步面對面站立，用右
手背相互貼觸在體前，左手臂自然下垂體左側，接著雙方
相搭右手，以腕關節按順時針或逆時針纏繞旋轉，走小立
圓，進行對揉手腕練習，目視對方（圖5、6）。

圖5　　　　　　　　　　圖6

圖7　　　　　　　　　　圖8

2. 揉肘練習

　　雙方均以右腳在前，左腳在後開步面對面站立，用右手小臂外側相互貼觸在體前，左手臂自然下垂體左側，接著雙方相搭右小臂以肘關節為軸，按順時針或逆時針纏繞旋轉，走中立圓，進行對揉肘部練習，目視對方（圖7、8）。

3. 揉肩練習

雙方均以右腳在前，左腳在後錯步斜對面站立，用右小臂外側相互貼觸在體前，左手臂自然下垂體左側，接著雙方相搭的右臂以肩關節為軸，按順時針或逆時針纏繞旋轉，走大立圓，進行對揉肩部練習，目視對方（圖9、10）。

【要點與功效】揉功和順自然，腕、肘、肩三圓明顯，左右手互換練習，每組20次，每組3～5組。此功旨在鍛鍊上肢「三節」的靈活性及手臂對對手勁力的感知性，以達到在實戰時能「知己知彼，隨變即化」的境界。此外，揉臂訓練時腰部配合也十分重要，切不可忽視。

三、肩功訓練

1. 壓肩練習

雙人面對面開步站立，雙腳寬與肩位，雙手臂伸直相

圖11

圖12

圖13

互交搭在對手肩上，接著上體前俯身直膝進行上下振壓肩部練習，抬頭挺胸塌腰，目視前方（圖11）。

2. 轉肩練習

雙人面對面開步站立，雙腳寬與肩位，雙手臂伸直相互交搭在對手肩上，接著上體前俯身直膝進行左右擰身轉肩練習，抬頭挺胸塌腰，目視前方（圖12、13）。

圖14

圖15

3. 拉肩練習

一方雙腿屈膝蹲變成馬步，挺胸抬頭，雙手指交叉對握，直臂上舉至頭頂；另一方雙腿呈弓步站在其背後，左手直推其頸部，右手向下扳拉對手雙手，進行下拉肩練習，目視前方（圖14）。

4. 扳肩練習

一方雙腿屈膝蹲變成馬步，挺胸抬頭，雙手臂直肘反搭在另一方雙肩上，另一方站在一方背後，雙膝微屈，同時雙手向下扣扳一方肩部，進行扳肩練習，目視前方（圖15）。

5. 鎖肩練習

雙方均以右弓步面對面站立，一方上體俯身用頭頂住另一方腹部，雙手直肘反抬上舉，同時另一方雙手環抱一

方肩部向內鎖壓，進行
鎖肩練習，目視前方
（圖16）。

6. 過肩練習

練習者雙腳開步自
然站立，挺胸收腹，左
右手各持短棍或短繩一
端，接著由體前向體後
直臂進行過肩練習，目
視前方（圖17、18）。

圖16

【要點與功效】雙方配合，協調一致，用力大小要適
度，非同時練習的內容，雙方應互換練習，每種肩功每組
15～20次，可進行3～5組練習。拳語云「肩活拳自

圖17

圖18

靈」，透過此功練習可以提高肩部的靈活性和柔韌性，同時也能更好地在訓練和實戰中預防肩部損傷發生。

四、空擊訓練

1. 徒手空擊練習

空擊訓練能夠熟練絕打技術要領、動作路線、打擊作用、用力次序等，能夠逐步提高絕打技法的質量，建立正確絕打技術的動力定型。

空擊訓練可以面對鏡子練習，從鏡子中觀察自己的動作正確與否，並且進行修正，直至準確完美。訓練時，練習者可採取慢速與快速、半力與全力、單拳空擊與組合拳擊打、定步空擊和移步空擊等多種形式相互融合為一體進行訓練。散打所有的拳法都可進行徒手空擊練習。練習次數與組數要因人而異，一般以每組20～50次，3～8組為宜。

空擊訓練要安排在熱身練習如慢跑、四肢操、呼吸功等之後，旨在透過熱身，提高機體興奮度，降低肌肉內部的黏滯性，避免拉傷、撕裂傷的發生。

2. 繫沙綁臂空擊練習

練習者將沙綁臂分別繫在左、右小臂上，然後進行負重練習散打各種拳法，初練時先練定步空擊練習，然後再過渡到移步空擊練習，並且沙綁臂的重量應由輕至重，同時將單擊拳法與組合拳法結合起來練習，以此提升發拳速度和實戰耐力。每種拳法每組20～50次，可進行3～5組練習。

圖19　　　　　　圖20　　　　　圖21

（1）直拳空擊（圖19）
（2）擺拳空擊（圖20）
（3）勾拳空擊（圖21）
（4）劈拳空擊（圖22）

3. 持啞鈴空擊練習

　　練習者雙手各持握一個啞
鈴進行原地或移步空擊出拳練
習，訓練時分慢速出拳和快速
出拳兩種，慢速練習可達到深
處刺激肌力增長，快速練習可
提高出拳速度和打擊力。

圖22

（1）直拳空擊（圖23）　　（2）勾拳空擊（圖24）
（3）擺拳空擊（圖25）　　（4）劈拳空擊（圖26）
（5）鞭拳空擊（圖27）　　（6）栽拳空擊（圖28）

圖23

圖24

圖25

圖26

圖27

圖28

圖29   圖30

【要點與功效】持握啞鈴牢固，動作準確，呼吸順暢，意氣力相合。持啞鈴打拳快練每組10～30秒，可做10～20組；慢練每組1～3分鐘，可做5～10組。

五、擊物訓練

1. 打小沙袋練習

將小型沙袋捆綁在樹樁上，然後用散打各種拳法進行擊打練習，以此來提高出拳的速度、力度及拳面的硬度與落拳的準確度，是散打選手常用的功力訓練方法。每種拳法每組20～50次，可進行3～5組練習，同時左右手互換練習。

（1）直拳打袋（圖29）　　（2）擺拳打袋（圖30）
（3）勾拳打袋（圖31）　　（4）彈拳打袋（圖32）

圖31　　　　　　　　圖32

圖33

2.打短棍練習

（甲爲進攻者，乙爲持棍者。）

（1）乙以左實戰姿勢站立，左右手橫握短棍兩端，置於體前，寬與肩位；甲以左實戰姿勢站立，原地發左右直拳擊打短棍中端進行練習，目視前方（圖33）。

圖34　　　　　　　　圖35

（2）乙以左實戰姿勢站立，左右手橫握短棍兩端，置於體前，寬與肩位；甲以左實戰姿勢站立，原地發左右勾拳擊打短棍中端進行練習，目視前方（圖34）。

（3）乙以左實戰姿勢站立，左右手橫握短棍兩端，置於頭前方，高於頭位；甲以左實戰姿勢站立，原地發左右劈拳擊打短棍中端進行練習，目視前方（圖35）。

（4）乙以左實戰姿勢站立，左右手豎握短棍兩端，置於體前，寬與肩位；甲以左實戰姿勢站立，原地發左右擺拳擊打短棍中端進行練習，目視前方（圖36）。

（5）乙以左實戰姿勢站立，左右手豎握短棍兩端，置於體前，寬與肩位；甲以右實戰姿勢站立，左腳向後插步，身體向左轉動，連發左鞭拳擊打短棍中端，進行轉身鞭拳練習（圖37、38）。

（6）乙以左實戰姿勢站立，左右手豎握短棍兩端，置於體前，寬與肩位；甲以左實戰姿勢站立，原地發左右彈拳擊打短棍中端進行練習，目視前方（圖39）。

圖36　　　　　　　　　　圖37

圖38　　　　　　　　　　圖39

（7）乙以左實戰姿勢站立，左右手握短棍兩端，斜置於體前，寬與肩位；甲以左實戰姿勢站立，原地發左右蓋拳擊打短棍中端進行練習，目視前方（圖40）。

（8）乙以左實戰姿勢站立，左右手橫握短棍兩端，置於腹前，寬與肩位；甲以左實戰姿勢站立，原地發左右栽拳擊打短棍中端進行練習，目視前方（圖41）。

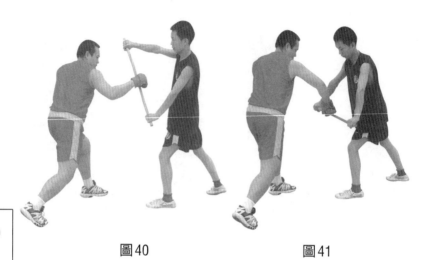

圖40　　　　　　　　　圖41

【要點與功效】乙方握棍牢固，甲擊打準確有力。訓練時，可以定位與移位相結合，擊打短棍應配戴專用手套，每次練習時間15～30分鐘。甲乙雙方可互換練習內容。拳打短棍訓練是散打拳技訓練中一種有效的訓練方法，能夠提高練習者出拳的準確度和拳面的抗擊度，同時能進一步發展出拳速度、耐力等專項素質。

3. 打大沙袋練習

打大沙袋訓練是拳技訓練的重要內容，主要發展出拳速度、靈活性、打擊力度、距離感、應變能力以及拳面硬度等，打擊沙袋分固定式和擺動式兩種，通常每組1～3分鐘，可進行6～10組練習。

（1）直拳擊沙袋（圖42）

（2）勾拳擊沙袋（圖43）

（3）擺拳擊沙袋（圖44）

圖42   圖43

圖44   圖45

（4）鞭拳擊沙袋（圖45）

（5）栽拳擊沙袋（圖46、47）。

打沙袋時要注意以下要點：

①練習前要做好準備活動，特別是手指、腕關節、肩

圖46　　　　　　　　圖47

肘及腰部的活動，同時要戴好打沙袋的手套和護手帶；

②沙袋懸掛的鉤鏈要牢固，受力要均勻，同時四周的場地要寬敞、平整；

③經過長期擊打後的沙袋要解下來，平放於地面滾動幾次，使內部的充填物鬆動、均勻，以保持沙袋適度的彈性；

④打沙袋時要出手鬆，落手緊，肌肉一張一弛，以保持肌肉的持久力和打擊力；

⑤擊打沙袋時一定要養成正確的動力定型的技術動作，否則錯誤動作一旦形成，很難改正；

⑥不要選用十分堅硬的沙袋練習，因為太硬的沙袋不但練不出過硬的功夫，而且很容易造成損傷，因打擊力越大，反作用力也大，擊打硬沙袋可由手臂傳導和震動，損傷練習者的內臟和大腦；

⑦沙袋有小、中、大之分，初練時，應先從打小沙袋

練起，隨著功力的提高，再改練中、大沙袋，同時要將沙袋想像成真實的對手，並配合身法、步法、防守等內容進行打沙袋練習；

⑧沙袋懸掛的高度要因人而異，可以由吊繩來調節，一般以沙袋的底部與練習者的臍部位等高為宜，並在打沙袋後進行整理活動。

4. 打手靶訓練

打靶訓練分定位打靶、移位打靶和實戰打靶3種。主要是為了培養練習者出拳的準確性、距離感、擊打節奏感以及擊打力度，初練時應先從打定位靶開始，再逐步過渡到打移動靶和實戰靶。練習拳法依次為單擊拳、連環拳、組合拳，同時餵靶者示靶時將示意靶和隨意靶相結合，將頂力靶和順力靶相結合，並且在餵靶時可以鍛鍊自身的眼功、臂力、移步功和意念化招功，以此實現打靶、喂靶同步訓練之目的。

（1）直拳打靶

①直拳打單靶

雙方實戰姿勢迎面對站，示靶者用右手持單手靶，放於頭位，打靶者隨發左直拳單擊或連擊擊打靶心，同時右拳回護下頜，目視前方（圖48）。

圖48

圖49　　　　　　　　　　　圖50

②直拳打雙靶

雙方實戰姿勢迎面對站，示靶者用左、右手持雙手靶，放於面前，打靶者隨發右、左十字交叉直拳分別擊打右、左靶心，同時發拳時另一拳回護下頜，目視前方（圖49、50）。

③直拳打上下靶

雙方實戰姿勢迎面對站，示靶者用左、右手上下持雙手靶，放於頭、腹位，打靶者隨蹲身發左直拳擊打下靶心，繼而起身發右直拳擊打上靶心，同時發拳時另一拳回護下頜，目視前方（圖51、52）。

④直拳疊靶

雙方實戰姿勢迎面對站，示靶者左、右手持左右疊靶舉於面前，打靶者隨發右直拳擊打靶心，同時左拳回收下頜處，目視前方（圖53）。

（2）擺拳打靶

①擺拳打單靶

圖51   圖52

圖53   圖54

　　雙方實戰姿勢迎面對站，示靶者左手持靶放於體左側，打靶者隨發左擺拳擊打靶心，同時右拳回護下頜處，目視前方（圖54）。

　　②擺拳打交叉靶

　　雙方實戰姿勢迎面對站，示靶者左、右手交叉持靶放於面前，打靶者隨發右、左擺拳連環擊打靶心，同時發拳

圖55　　　　　　　　　　圖56

時另一拳回護下頜處，目視前方（圖55、56）。

③擺拳打上下靶

雙方實戰姿勢迎面對站，示靶者左、右手上下持靶放於體前，上靶在頭位，下靶在腹位，打靶者隨發左、右擺拳擊打上下靶心，同時發拳時另一拳回護下頜，目視前方（圖57、58）。

④擺拳打疊靶

雙方實戰姿勢迎面對站，示靶者左、右手持舉疊手靶放於面前，打靶者隨發左擺拳擊打靶心，同時右拳回護下頜處，目視前方（圖59）。

（3）勾拳打靶

①勾拳打單靶

雙方實戰姿勢迎面對站，示靶者左手持靶放於胸前，打靶者隨發左勾拳擊打靶心，同時右拳回護下頜處，目視前方（圖60）。

<table>
<tr><td style="text-align:center">圖57</td><td style="text-align:center">圖58</td></tr>
</table>

圖57　　　　　　　　　　　圖58

圖59　　　　　　　　　　　圖60

②勾拳打雙靶

雙方實戰姿勢迎面對站，示靶者左、右手持靶放於胸前，打靶者隨發右、左連環勾拳擊打靶心，同時發拳時另一拳回護下頜，目視前方（圖61、62）。

③勾拳打疊靶

雙方實戰姿勢迎面對站，示靶者左、右手持疊靶放於

圖61　　　　　　　　　　圖62

圖63

胸前，打靶者隨發右勾拳擊打靶心，同時發拳時左拳回護下頜，目視前方（圖63）。

④勾拳打交叉靶

雙方實戰姿勢迎面對站，示靶者左、右手持靶相互交叉放於面前，打靶者隨發左、右勾拳擊打靶心，同時發拳時另一拳回護下頜，目視前方（圖64、65）。

圖64　　　　　　　　　　圖65

圖66

（4）劈拳打靶

①劈拳打疊靶

雙方實戰姿勢迎面對站，示靶者左、右手持疊靶放於頭上，打靶者隨發右劈拳擊打靶心，同時左拳回護下頜，目視前方（圖66）。

圖67　　　　　　　　　　圖68

②劈拳打雙靶

雙方實戰姿勢迎面對站，示靶者右、左手依次持靶放於頭上方，打靶者隨發右、左連環劈拳擊打靶心，發拳同時時另一拳回護下頜，目視前方（圖67、68）。

（5）彈拳打靶

①彈拳打單靶

雙方實戰姿勢迎面對站，示靶者右手持靶放於頭前，打靶者隨發右彈拳擊打靶心，同時左拳回護下頜處，目視前方（圖69）。

②彈拳打雙靶

雙方實戰姿勢迎面對站，示靶者左、右手持靶置於體前，打靶者隨發左、右彈拳擊打靶心，發拳同時另一拳回護下頜，目視前方（圖70、71）。

③彈拳打疊靶

雙方實戰姿勢迎面對站，示靶者左、右手持疊靶放於面上，打靶者隨發右彈拳擊打靶心，同時左拳回護下頜，

圖69 　　　　　　　　　　圖70

圖71

圖72

目視前方（圖72）。

④彈拳打上下靶

雙方實戰姿勢迎面對站，示靶者左、右手持靶放於體前，上靶高於頭位，下靶位於腹位，打靶者隨發連環右彈拳擊打靶心，同時左拳回護下頜，目視前方（圖73、74）。

圖73　　　　　　　　　　　　圖74

（6）栽拳打靶

①栽拳打單靶

雙方實戰姿勢迎面對站，示靶者右手持靶放於體前，高於心窩，打靶者隨發右栽拳擊打靶心，同時左拳回護下頜，目視前方（圖75）。

②栽拳打雙靶

圖75

雙方實戰姿勢迎面對站，示靶者左、右手持靶放於體前，高於心窩，打靶者隨發左、右栽拳擊打靶心，發拳同時另一拳回護下頜，目視前方（圖76、77）。

③栽拳打疊靶

雙方實戰姿勢迎面對站，示靶者左、右手持疊靶放於體前，高於心位，打靶者隨發右栽拳擊打靶心，同時左拳

圖76　　　　　　　　　圖77

圖78　　　　　　　　　圖79

回護下頜，目視前方（圖78）。

（7）鞭拳打靶

①原地鞭拳打單靶

雙方實戰姿勢迎面對站，示靶者左手持靶放於體前，高於頭位，打靶者原地隨發右鞭拳擊打靶心，同時左拳回護下頜處，目視前方（圖79）。

圖80　　　　　　　　　　圖81

②轉身鞭拳打雙靶

雙方實戰姿勢迎面對站，示靶者左、右手持靶相合放於面前，打靶者右腳後插步，同進身體向右轉動，連發轉身右鞭拳擊打靶心，且左拳回護下頜，目視右拳方（圖80、81）。

③轉身鞭拳打疊靶

雙方實戰姿勢迎面對站，示靶者左、右手持疊靶放於面前，打靶者右腳後撤步，同時身體向右轉動，連發轉身右鞭拳擊打靶心，且左拳回護下頜，目視右拳方（圖82）。

（8）撩拳打靶

①後撩拳打單靶

雙方實戰姿勢迎面對站，示靶者右手持靶放於腹前，打靶者身體突然向左轉，隨發右撩拳擊打靶心，同時左拳回護下頜，目視前方（圖83）。

②前撩拳打疊靶

雙方實戰姿勢迎面對站，示靶者左、右手持疊靶放於

圖82　　　　　　　　　　圖83

圖84　　　　　　　　　　圖85

心窩前，打靶者身體稍右轉，隨發左前撩拳擊打靶心，同時右拳回護下頜，目視前方（圖84）。

（9）蓋拳打靶

①蓋拳打單靶

雙方實戰姿勢迎面對站，示靶者右手持靶放於腹前，打靶者隨發右蓋拳擊打靶心，同時左拳回收下頜處，目視前方（圖85）。

圖86　　　　　　　　　圖87

②蓋拳打雙靶

雙方實戰姿勢迎面對站，示靶者左、右手持靶放於體前，高於心窩位，打靶者隨發左、右蓋拳連環擊打靶心，同時打拳時另一拳回護下頜，目視拳方（圖86、87）。

（10）砸拳打單靶

雙方實戰姿勢迎面對站，示靶者右手持靶放於腹前，靶心朝上，打靶者隨發右砸拳擊打靶心，同時左拳回護下頜處，目視前方（圖88）。

（11）挑拳打單靶

雙方實戰姿勢迎面對站，示靶者右手持靶放於體前，高於頭位，靶心朝下，打靶者隨發右挑拳擊打靶心，同時左拳回護下頜處，目視前方（圖89）。

（12）截拳打單靶

雙方實戰姿勢迎面對站，示靶者右手持靶放於體前，高於心位，靶心朝上，打靶者發右截拳擊打靶心，同時左拳回護下頜處，目視前方（圖90）。

圖88　　　　　　　　　　圖89

圖90　　　　　　　　　　圖91

（13）掛拳打單靶

雙方實戰姿勢迎面對站，示靶者右手持靶放於體前，靶心斜向下，打靶者發右掛拳擊打靶心，同時左拳回護下頜處，目視前方（圖91）。

（14）翻拳打單靶

雙方實戰姿勢迎面對站，示靶者右手持靶放於體前，

圖92　　　　　　　　　　圖93

高於頭位，靶心朝前，打靶者發右翻拳擊打靶心，同時左拳回護下頷處，目視前方（圖92）。

（15）飛拳擊單靶

雙方實戰姿勢迎面對站，示靶者右手持靶放於身體側位或頭上位，打靶者左腳向前墊跳，身體凌空連發飛右直拳擊打靶心，同時左拳回收體側，目視前方（圖93、94）。

5. 打速度球練習

速度球常用的有懸掛式、垂立式和扯拉式三種，速度球訓練的最大作用是能夠提高練習者的反應速度、判斷能力、周身靈活性及出拳頻率和準確性，此外對練習者眼力的提高也非常明顯。一般每組1～3分鐘，可進行6～8組。

散打隊員練速度球應先從單拳擊打開始，逐步過渡到雙拳連環擊打，最後再練融入閃躲、移步、搶打、反擊等內容實戰擊球法。注意練習擊打速度球應戴手套，且需要目視球體，不可養成閉眼擊球的壞習慣（圖95）。

圖94　　　　　　　　圖95

六、器械訓練

1. 拉力器練習

（1）頭上平拉

練習者開步站立，雙腳與肩同寬，雙手反握拉力器把柄，雙手直肘用力，由頭上方向左右平拉開至體後，雙臂平展，目視前方（圖96、97）。

（2）胸前平拉

練習者開步站立，雙腳與肩同寬，雙手正握拉力器把柄，雙手直肘用力，由胸前向左右水平拉開，雙臂平展，目視前方（圖98、99）。

（3）胸前推拉

練習者開步站立，雙腳與肩同寬，雙手正握拉力器把柄，左手直肘撐於體左側，右手由胸前向體右側推拉，雙

145

圖96

圖97

圖98

圖99

臂展開，目視右方（圖100、101）。

（4）背後上拉

練習者開步站立，雙腳與肩同寬，雙手正握拉力器把

圖100 圖101

圖102 圖103

柄，豎直於背後，左手在下，右手在上，雙手用力，右手
向體上方推拉，雙臂展開，目視右上方（圖102、103）。

（5）背後平推

練習者開步站立，雙腳與肩同寬，雙手正握拉力器把

圖104

圖105

柄，同時拉力器置於背後，雙手用力向左右水平推拉，雙臂平展，目視前方（圖104、105）。

（6）俯身平拉

練習者開步站立，雙腳與肩同寬，上體下俯身，雙手正握拉力器把柄，置於體前，接著雙手用力向左右平拉至體兩側，雙臂展開，目視前方（圖106～108）

圖106

（7）體前斜拉

練習者開步站立，雙腳與肩同寬，雙手正握拉力器把柄，置於體斜前方，接著雙手用力向斜上及斜下方拉開，雙臂平展，目視前方（圖109、110）。

（8）體前雙拉

練習者雙腳開步站立，左右手各抓握一個拉力器一端

圖107　　　　　　　　　　圖108

圖109　　　　　　　　　　圖110

把柄，同時左右腳各踩一個拉力器的另一端把柄，然後雙手臂向上屈肘用力拉開，目視前方（圖111、112）。

（9）體側雙拉

練習者呈雙腿屈膝側開站立，左右手各抓握一個拉力器一端，左右腳各踩一個拉力器的另一端，然後雙手臂用

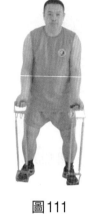

圖111

圖112

圖113

圖114

力向上直肘拉開，目視前方（圖113、114）。

（10）轉腰雙推

　　練習者雙腳開步站立，雙手正握拉力器把柄，置於背後，接著身體依次向左右轉腰，同時雙手用力直肘向外推

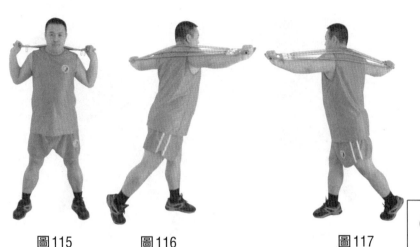

圖115　　　　　　圖116　　　　　　　　圖117

拉練習，雙臂平展，目轉視前方（圖115～117）。

【要點與功效】抓握拉力器穩固到位，用力均衡，呼吸自然，意氣力相合。初練拉力器時應從2根拉簧拉起，隨著力量的不斷增加，逐步上升到3～5根拉簧的練習，切記不可急於求成，以免造成肌肉損傷。

拉力器訓練主要是提高練習者腰腹、胸背的肌力，同時訓練上肢的快速回收能力，對拳技在實戰的運用中十分有幫助。每組可做10～30次，可進行5～8組練習。

2. 臂力器練習

臂力器是最常見、最有效、最經濟、最便利的力量訓練器械，分小號、中號、大號和特號臂力器，練習者可根據自身力量有針對性地選擇。臂力器訓練主要是鍛鍊練習者上肢及胸背、腰腹的力量。

圖118   圖119

（1）弓步對折

練習者雙腿屈膝呈弓步，雙手分別握住臂力器把柄，左手置於左大腿上，拳心朝上，右手放在胸前，拳輪朝下，然後雙手用力進行臂力器對折練習，目視下方（圖118、119）。

（2）馬步對折

練習者雙腿屈膝呈高位馬步，雙手分別握住臂力器把柄，置於體前，左右手心均朝下，然後雙手用力進行臂力器對折練習，目視下方（圖120、121）。

（3）開步對折

練習者雙腿開步站立，雙手反手握住臂力器把柄，置於胸前，然後雙手用力進行臂力器對折練習，目視下方（圖123、124）。

（4）虛步對折

練習者雙腿前後開立呈虛步，雙手握住臂力器把柄，

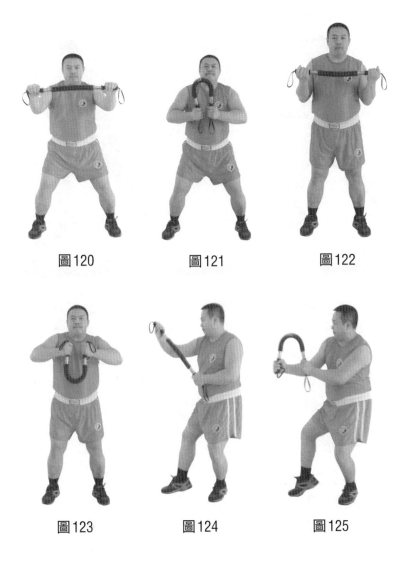

圖120　　　　　　圖121　　　　　　圖122

圖123　　　　　　圖124　　　　　　圖125

置於體前，然後雙手用力進行臂力器對折練習，目視下方
（圖124、125）。

（5）騎龍步對折

練習者雙腳前後開立呈騎龍步，雙手反握臂力器置於

<table>
<tr><td>圖126</td><td>圖127</td></tr>
</table>

腹位，然後雙手用力進行臂力器對折練習，目視下方（圖
126、127）。

【要點與功效】抓握牢固，用力均衡，意氣力相合。
每種每次練習50～100次，間隙期間可選擇一些抖臂、抓
捏等輔助動作來放鬆手臂及上肢肌肉。

3. 槓鈴練習

（1）屈肘前舉

練習者雙腳左右開步，與肩同寬，身體自然站立，雙
手均衡反握槓鈴於腹前，然後雙臂屈肘上舉至胸前，進行
反覆練習，目視前方（圖128、129）。

（2）伸肘上舉

練習者雙腳左右開步，與肩同寬，身體自然站立，雙
手臂屈肘均衡正握槓鈴於體前，然後雙臂伸肘上舉至頭上
方，進行反覆練習，目視前上方（圖130、131）。

圖128

圖129

圖130

圖131

（3）伸肘平推

　　練習者雙腳左右開步，與肩同寬，身體自然站立，雙手臂屈肘均衡正握槓鈴於體前，接著雙手臂直肘向體前平

圖132

圖133

圖134

圖135

推，進行反覆練習，目視前方（圖132、133）。

（4）仰身臥推

練習者仰身躺在地上，雙腿屈膝自然分開，雙腳著地，雙手臂均衡正握槓鈴於體前，雙手臂向上直肘推舉，進行反覆練習，目視上方（圖134、135）。

（5）握槓俯身

練習者雙腳左右開步，與肩同寬，身體自然站立，雙手臂屈肘均衡正握槓鈴，將槓鈴置於肩背上，然後上體下俯、起身，進行反覆練習，目視前方（圖136、137）。

圖136

圖137

（6）提槓聳肩

練習者雙腳左右開步，與肩同寬，身體自然站立，雙手對握槓鈴中段，雙臂自然下垂，槓鈴置於腹位，然後聳肩提槓，進行反覆練習，目視前方（圖138、139）。

（7）俯身划船

練習者雙腳左右開步，與肩同寬，上體前俯身，雙手

圖138 圖139

圖140 圖141

臂直肘均衡正握槓鈴於體前下方，槓鈴不落地連做立圓軌跡划船式練習，反覆進行，目視前方（圖140～142）。

（8）握槓轉腰

練習者雙腳左右開步，與肩同寬，身體自然站立，雙

圖142

圖143

圖144

圖145

手臂屈肘均衡正握槓鈴於脖頸後，身體向左、右轉腰，進
行反覆練習，目隨身體轉視（圖143～145）。

（9）扣鈴側身

練習者雙腳左右開步，與肩同寬，身體自然站立，雙臂側展，雙手扣握槓鈴片，且將槓鈴置於背肩處，上體向左、右進行側傾身反覆練習，目視側方（圖146～148）。

圖146

圖147

圖148

（10）直臂提鈴

練習者雙腳左右開步，與肩同寬，身體自然站立，雙手對握槓鈴中段，置於腹前，雙手臂直肘上提至肩位，反覆進行練習，目視前方（圖149、150）。

圖149

圖150

圖151

圖152

（11）頸後舉鈴

練習者雙腳左右開步，與肩同寬，身體自然站立，雙手對握槓鈴中段，置於頭頸後，接著向頭斜前方直肘伸臂舉鈴，反覆進行練習，目視前方（圖151、152）。

圖153 　　　　　　　　　　　圖154

（12）俯身提鈴

練習者雙腳左右開步，與肩同寬，身體自然站立，上體下俯身，雙手臂均衡正握槓鈴，槓鈴不落地，雙手屈肘提鈴至胸，反覆進行練習，目視前方（圖153、154）。

（13）左右晃鈴

練習者雙腳左右開步，與肩同寬，身體自然站立，雙手上下持握槓鈴一端，另一端撐於地面，雙手臂屈伸肘由左至右或由右至左呈立圓形晃動槓鈴，反覆進行練習，目視前方（圖155、156）。

（14）挑舉槓鈴

練習者雙腳前後開步呈高位斜馬步，右手握槓鈴一端，左手持握槓鈴中段，且將槓鈴置於體前，然後雙腳蹬地挺身，雙手臂向上挑舉槓鈴高於頭位，反覆進行練習，目視前方（圖157、158）。

圖155

圖156

圖157

圖158

【要點與功效】抓握槓鈴牢固有力，動作準確有力，
呼吸自然，槓鈴重量由輕至重，練習組數與次數由少至

圖159

圖160

多，一般每組 10～20 次，可做 3～5 組練習。槓鈴訓練主要是鍛鍊練習者的腰背和胸腹的肌力，練習時要做到系統、全面，力量練習應隔日進行，訓練效果最佳。

4. 皮筋訓練

（1）雙拳練習

練習者雙拳腕部纏繫一條皮筋，在原地或移動中進行散打各種拳技的擊打練習，目視拳方（圖159～163）。

（2）單拳練習

練習者右手纏握皮筋一端，另一端固定在身後，進行散打各種拳技的擊打練習，目視拳方（圖164）。

【要點與功效】出拳準確快速，力由腰發，力達拳面，意氣力相合。選擇皮筋長度以練習者發拳時能產生最大阻力為準。皮筋訓練能夠加強出拳的力度、速度以及準確度，此外還能改善練習者周身的協調性和平衡性。每種

圖161

圖162

圖163

圖164

拳法可進行3～5組練習，每組20次。

5. 跳繩練習

練習者左右手握跳繩兩端，身體自然站立，蹬地起跳

<table>
<tr><td>圖 165</td><td>圖 166</td></tr>
<tr><td>圖 167</td><td>圖 168</td></tr>
</table>

手臂搖繩過腳；常見跳繩方法有單腳跳（圖165）、雙腳跳（圖166）、高抬腿跳（圖167）和凌空連續跳（圖168）等。每組3分鐘，可做3～5組。

【要點與功效】手腳配合一致，雙腳腳掌著地，踝關

圖169　　　　　　　　　　圖170

節要有彈性。跳繩練習可以提高練習者身體的協調、靈敏、耐力、平衡、速度、彈跳等多項素質，是散打運動員增強心肺功能的主要方法。

6. 雙槓練習

練習者雙手直肘握撐雙槓，雙腳交叉勾盤，然後進行屈伸肘臂練習，目視前方（圖169、170）。

【要點與功效】屈伸肘臂連貫有力，上體垂立起落，呼吸順暢。每組10～20次，可進行5～8組練習。主要鍛鍊練習者上肢雙臂肱三頭肌的力量以及胸背肌力。

7. 單槓練習

練習者雙手橫握單槓，寬與肩位，身體自然下垂或雙腳交叉勾盤，然後進行屈肘引體向上，並且下頜過橫槓，目視前方（圖171～173）。

圖171

圖172

圖173

圖174

圖175

【要點與功效】雙手握槓有力，身體垂立，呼吸順暢。每組10～15次，可進行3～5組。主要鍛鍊練習者上肢雙臂肱二頭肌的力量以及胸背肌力。

8. 吊環練習

練習者雙手扣握吊環，身體自然垂立，雙腳交叉勾盤，然後進行屈肘引體向上練習，頭與環高，目視前方（圖174、175）。

【要點與功效】雙手握槓有力，身體垂立，呼吸順暢。每組10～15次，可進行3～5組。主要鍛鍊練習者上肢雙臂肱二頭肌的力量以及胸背肌力。

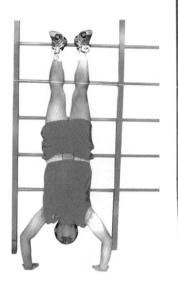

圖176　　　　　　　圖177

9. 倒立練習

練習者雙手撐地，與肩同寬，左右依次擺靠至橫槓上，身體呈倒立，然後雙手臂進行屈伸肘的練習，目視下方（圖176～178）。

【要點與功效】倒立身體垂直，雙手推撐地面有力，呼吸順暢，意到力到。每組10次，可進行3～5組練習。主要鍛鍊練習者手臂、腰背及腿部肌力。

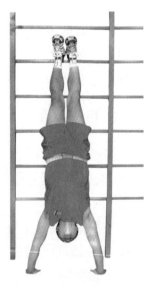

圖178

圖179　　　　　　　　　　圖180

10.爬槓練習

　　練習者雙手前後抓握爬行橫槓，接著身體前後擺動，左右手依次交替，向前爬槓懸走，目視槓方（圖179、180）。

　　【要點與功效】抓槓準確牢固，擺胯轉腰，探臂扣指，力達雙手，雙腳懸空離地。每次練習10～15組。主要鍛鍊練習者手臂、腰背及雙手抓握力量。

七、擊破訓練

1.高位俯臥撐練習

　　練習者雙手撐地，與肩同寬，雙腳放在高位臺階上，

圖181

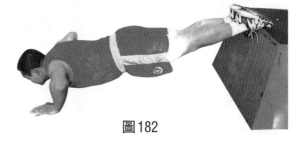

圖182

然後進行屈伸肘關節，做俯臥撐練習，目視前方（圖181、182）。

【要點與功效】身體平起平落，手臂屈伸連貫有力，呼吸順暢。每組15～20次，可進行5～8組練習。主要鍛鍊練習者雙臂、胸部力量。

2. 推磚練習

練習者雙腳左右開步屈蹲呈馬步，左右手各持捏兩塊磚，由腰間依次向體前旋臂直肘推出，高與肩平，同時一手前推，另一手回收腰間，目視前方（圖183）。

【要點與功效】持磚有力牢固，推磚旋臂發力，意氣力相合。速度由慢至快，每組20次，可進行3～5組練

圖183 圖184

習。主要鍛鍊練習者雙臂、胸部、腿部及手指抓扣力量。

3.頂磚練習

練習者雙腳前後開步屈蹲呈弓步，用右拳拳面頂擠豎放於牆體上的硬磚，高於頭位，同時左拳屈肘回收腰間，目視右拳方（圖184）。

【要點與功效】頂磚有力準確，蹬地轉腰，撐臂直腕發靜力，力達拳面，意氣力相合。頂磚數量由少至多，左右拳互換練習，每組練習時間1～3分鐘，可進行5～8組練習。主要鍛鍊練習者周身靜止力量及拳面硬度。

4.拳面硬度練習

（1）單拳撐身
①練習者身體直立側倒，雙腳併攏，頭部向上，左手

圖185

圖186

臂握拳頂撐牆體，右手臂分展體側，目視前方（圖185）。

②練習者雙腳併攏蹬觸牆體，身體直立側倒，頭部向下，右手臂握拳頂撐地面；左手臂分展體側，目視前方（圖186）。

（2）雙拳倒立

練習者雙拳支撐地面，與肩同寬，接著左右腳依次向上擺動貼靠於牆體，雙腿直膝伸展，雙腳併攏成倒立，目視下方（圖187）。

圖187

174

圖188   圖189

（3）雙拳懸身

練習者雙腳交叉盤坐在地面，接著用左右拳分別支撐於身體兩側，直肘展臂將身體懸空，進行靜力練習，目視前方（圖188）。

【要點與功效】雙拳緊握，直肘支撐有力，力達拳面，挺胸收腹，直膝挾腿，呼吸自然。初練時可戴手套進行，隨功力增加，可逐步赤手進行練習。每種每組練習時間為1～3分鐘，進行3～5組練習，單拳練習內容應左右手輪換進行。主要鍛鍊練習者周身靜止力量及拳面硬度。

5. 破磚練習

練習者雙腿屈膝蹲身呈跪步，連發右拳由上至下猛擊體前擺放的橫磚中心，將磚擊破，同時左拳回護體前，目視右拳方（圖189）。

【要點與功效】架磚穩固，沉身下衝拳快準有力，蹬

圖190

地屈膝合胯發力，力達拳面，意氣力相合。破磚練習應在拳功精熟後進行，以免造成手部損傷。切記初練時要在磚上鋪墊緩衝物，如布墊、毛巾、書本等，再進行破磚練習。主要鍛鍊練習者雙拳力量及拳面硬度。

八、抗擊訓練

抗擊訓練是散打訓練中的一種特殊方法，因為在激烈的散打比賽中，雙方都會有被擊中的時候，若自身的抗擊打能力低下，便會出現被對手擊倒或擊傷而失去比賽機會，所以說，散打選手抗擊打能力的強弱，是獲取比賽勝利的關鍵因素之一。

1. 直拳擊頭

雙方練習者均以左實戰姿勢迎面對站，甲方發右直拳打擊乙方額頭，乙方進行抗擊練習，沉身閉氣（圖190）。

圖191

圖192

2. 直拳擊胸

雙方練習者均以左實戰姿勢迎面對站，甲方發左直拳擊打乙方胸部，乙方雙手臂上舉，進行抗擊練習，沉身閉氣（圖191）。

3. 擺拳擊肋

雙方練習者均以左實戰姿勢迎面對站，甲方發右擺拳擊打乙方側肋，乙方雙手臂上舉，進行抗擊練習，沉身閉氣（圖192）。

4. 勾拳擊腹

雙方練習者均以左實戰姿勢迎面對站，甲方發左勾拳擊打乙方腹部，乙方雙手臂上舉，進行抗擊練習，沉身閉氣（圖193）。

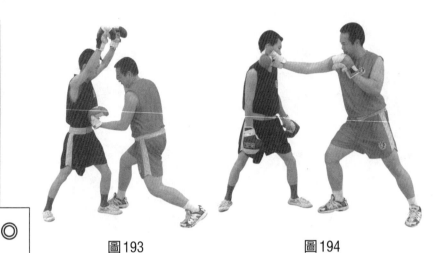

圖193　　　　　　　　　　圖194

5. 彈拳擊面

雙方練習者均以左
實戰姿勢迎面對站，甲
方發右彈拳擊打乙方面
頰，乙方雙手臂下垂體
兩側，進行抗擊練習，
沉身閉氣（圖194）。

6. 劈拳擊頭

圖195

雙方練習者均以左
實戰姿勢迎面對站，甲方發左劈拳擊打乙方頭部，乙方雙手
臂下垂於體兩側，進行抗擊練習，沉身閉氣（圖195）。

【要點與功效】乙方沉身穩固，抗擊有力，甲方發拳
擊打力度應以對方能承受為宜，左右拳互打，雙方可互換練

圖196　　　　　　　　　　圖197

習內容；抗擊打時觸點肌肉緊收，對抗來招，閉嘴合齒。此功法練習旨在提高練習者抗擊打能力和實戰的膽力。

九、平衡訓練

1. 拉腿行走

（1）甲乙雙方面對面站立，甲方抬起右腿前伸，乙方隨雙手抓握甲右腳，然後

圖198

向前、後、左、右不同方位進行拉腿行走練習，甲隨動而走，保持身體平衡，目視前方（圖196～198）。

（2）甲方背對乙方站立，右腿自然後伸，乙方隨用雙手拉抱，向前、向後推拉甲右腿進行練習，甲方隨動而

圖199

圖200

走，保持身體平衡，目轉視後方（圖199、200）。

2. 單腿蹲起

練習者左右手臂側展，左腿支撐身體，右腿前抬至水平，接著左腿屈膝進行平衡蹲起練習，目視前方（圖201、202）。

【要點與功效】支撐腿靈活、穩健，順力移動，雙手自然擺動保持平衡，蹲起身垂直，呼吸順暢，意氣力相

圖201　　　　　　　　　　圖202

合。此功法主要鍛鍊練習者靜止和運動時的平衡能力，特別是在對付對手的接腿摔技時更有奇效。

十、對拳訓練

1. 甲乙雙方以左實戰姿勢

相向站立，甲方原地依次發右劈拳、右撩拳、右鞭拳、右擺拳和左直拳進攻乙方，乙方原地同動應招，出上架臂、下壓臂、外擋臂和內格進行防守破化，如此反覆，甲乙雙方進行對拳練習，目視拳方（圖203～207）。

圖203

圖204　　　　　　　　　　圖205

圖206　　　　　　　　　　圖207

2. 甲乙雙方以左實戰姿勢

　　相向站立，甲方原地依次發右劈拳、左勾拳、右直拳、左直拳、右擺拳和左擺拳進攻乙方，乙方原地同動應招，出上架臂、下壓臂、左內格擋、右內格擋、左外格擋和右外格擋進行防守破化，如此反覆，甲乙雙方進行對拳

圖208　　　　　　　　圖209

圖210

圖211

練習，目視拳方（圖208～213）。

【要點與功效】甲出拳準確連貫，乙防守及時有力，雙方配合一致，甲乙可互換練習內容。初練時速度、力度應有所保留，等熟練後再加大打擊力度和進攻速度。對打拳訓練的目的是為了培養實戰膽量，精熟拳技，提高防守能力和出拳的準確性、組合性以及防守的嚴密性和機敏性。

圖212　　　　　　　　　　　圖213

第二節　腿功訓練法

一、柔韌訓練

柔韌訓練是散打腿技的重要訓練內容。良好的柔韌性能為完成高難度的踢技提供有力的保證，同時還能避免和減少運動損傷的發生。柔韌訓練包括壓腿和劈腿兩大內容。其中壓腿有正壓腿、側壓腿、後壓腿和內側壓腿等，劈腿有豎劈腿、橫劈腿、坐盤劈腿和跪盤劈腿等內容。

柔韌訓練應將主動與被動的訓練相結合，動力性和靜力性相結合，壓腿與劈腿相結合，並且在訓練幅度和力度上要循序漸進，切忌狠力猛拉腿部韌帶，以免造成急性損傷。

柔韌訓練要持之以恆，因為柔韌素質容易發展，同時也極容易消退。

184

圖1　　　　　　　　　　　圖2

1. 壓腿練習法

（1）折壓腿

①前折壓腿：左腳蹬放在支撐物上，右腳直膝蹬地，上體前傾，同時向下振壓，左右手環抱左小腿，折踝屈膝合胯，目視前方（圖1）。

②側折壓腿：右腳蹬放在支撐物上，左腳尖外展，直膝蹬地，同時上體左轉90度側傾向下振壓，左右手環抱右小腿，折踝屈膝合胯，目視側方（圖2）。

圖3

③後折壓腿：背向支撐物站立，右腳面放在支撐物上，左腳直膝蹬地，同時上體後移，雙手卡握腰間，展踝折膝收胯，目視前方（圖3）。

圖4 圖5

④裏折壓腿：右腿外展膝，平放於支撐物上，左腿直膝蹬地，同時左右手向下振按右內膝、內踝處，上體隨之合壓，目視腿方（圖4）。

⑤外折壓腿：右腿裏扣膝平放於支撐物上，左腿直膝蹬地，上體稍左轉，同時左右手向下振壓右膝外側及右腳外踝，目視前方（圖5）。

【要點與提示】支撐腿穩固，踝、膝、胯關節處折壓要充分，力度、速度要因人而異，一般以每組15～20次為宜，可進行1～3組，左右腿交替練習。

（2）中位壓腿

①前壓腿：右腿直膝放於支撐物上，高於腰腹，身體立腰下振，同時左右雙手疊放在右膝蓋上下壓，左腿直膝蹬地，腳尖朝正前方，目視前方（圖6）。

②前搬腿：右腳放於支撐物上，雙手從左右環抱右腳，同時上體前俯折腰，進行靜力搬腿練習，左腳扣趾抓地

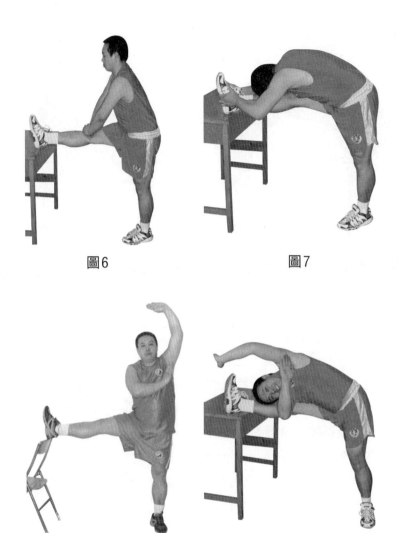

圖6　　　　　　　　　圖7

圖8　　　　　　　　　圖9

穩固，腳尖正對前方，直膝探身合胯，目視下方（圖7）。

　　③側壓腿：身體側對支撐物站立，右腿直膝放於支撐物上，腳尖上勾，雙手側擺至體左側方，同時左腿直膝蹬地，接著上體側傾下壓，目視側方（圖8、9）。

187

圖10

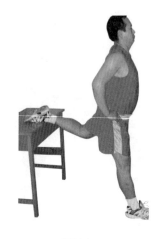

圖11

④側搬腿：身體側對支撐物站立，右腿直膝放於支撐物上，雙手從左右環抱右腿，左腳直膝蹬地，同時上體側臥折腰進行靜力側搬腿練習（圖10）。

⑤後壓腿：身體背對支撐物站立，左右手卡握腰間，同時左腳面放於支撐物上，右腳直膝蹬地，上體向後弓身振腰進行壓腿練習（圖11）。

圖12

⑥後搬腿：身體背對支撐物站立，左腿面放於支撐物上，右腿直膝蹬地，同時雙手向體後伸擺，上體呈反弓形，目視後方（圖12）。

【要點與提示】壓腿屬動力訓練法，搬腿屬靜力訓練法，兩種練習方法交替進行，對提高腿的柔韌性十分有

圖13　　　　　　　　　圖14

益。靜力搬腿每次10～30秒，每組4～8次；動力壓腿每組10～20次，可進行3～5組練習，左右腿交替練習。壓腿、搬腿時要身正、腿正，且不可強壓猛搬，以防發生損傷，要以練習者自身能承受為度。

　　（3）低位壓腿

　　①前壓腿：左腿屈膝下蹲，右腳直膝前伸，腳跟支撐地面，腳尖上勾，同時雙手環抱右腳，上體前俯向下振壓右腿，目視前方（圖13）。

　　②側壓腿：左腿屈膝下蹲，右腳直膝側展，右腳內側著地，同時雙手按壓左右膝部，上體下沉，目視右方（圖14）。

　　③後壓腿：左腿屈膝前蹲，右腳後伸，以腳掌支撐地面，膝部彎曲，同時雙手卡握腰間，上體向後下方振壓，目視後方（圖15）。

圖15

圖16　　　　　　　　圖17

　　【要點與提示】振壓的力度、速度應循序漸進，左右腿要互換練習，每組10～20次，可進行3～5組練習。

　　（4）高位壓腿

　　①前壓腿：練習者面對支撐物站立，右腳蹬撐地面，左腳放於支撐物上，高過胸位，同時雙手握槓，上體疊壓於右膝上向下俯身進行前壓腿練習，目視前方（圖16）。

　　②側壓腿：練習者側對支撐物站立，左腳蹬撐地面，右腳放於支撐物上，高過胸位，同時左手在上抱腳，右手在下拉槓，上體隨側俯身進行側壓腿練習，目視側方（圖17）。

　　③後壓腿：練習者背對支撐物站立，左（右）腳蹬撐地面，右（左）腳面放於支撐物上，高過腰位，同時上體後仰身，同時雙手後擺進行後壓腿練習，目視後方（圖18、19）。

　　【要點與提示】支撐腿穩固，壓腿力度、幅度要逐步

圖18

圖19

增加，練習時要做到腿正、身正。左右腿要互換練習，每組10～20次，可進行3～5組練習。

（5）撕拉腿

①雙人正撕腿：甲方背靠牆體站立，右腳直膝蹬撐地面，左膝直膝上擺，同時左右手側展呈一直線，乙方在甲方體前，左腳在前，右腳在後直立，用右手撕托甲方左腳跟，

圖20

同時左手扶按其體側，雙手協調一致向甲頭上方進行撕壓腿練習，目視腿方（圖20）。

②雙人側撕腿：甲方側身靠站牆體，右腿蹬撐地面，左腿向體左側上擺，同時雙手側展於體右側，右手直臂扶

圖21　　　　　　　　　　　圖22

牆，左手臂屈肘護在右腋處，乙方在甲方體側，雙腿前後站立，用右手向上撕托甲左腳跟，左手扶按其膝，雙手協調一致向甲頭上方進行撕壓腿練習，目視腿方（圖21）。

③雙人後撕腿：甲面對牆體站立，雙手扶牆，左腿直膝蹬地，右腿直膝後擺，上體呈反弓形，乙方在甲方體側，腳分開直立，將甲右腳膝蓋扛於右肩上，同時雙手扶按甲大腿後面，肩部上扛與雙手下按形成合力，協調一致進行撕壓腿練習，目視前方（圖22）。

【要點與提示】左右腿互換練習，撕腿由低到高，循序漸進，力度以甲方能承受為宜，支撐腿穩固。每組10～15次，可進行3～5組練習。

2. 劈腿練習法

（1）雙人劈腿

①雙人橫叉劈腿：甲方雙腿側展呈橫叉，雙腳內側著

地，雙手向前支撐地面，身體稍前傾，同時乙方屈膝下蹲於甲背後，用雙手向下助力振壓乙方臀胯處進行劈腿練習，目視前方（圖23）。

圖23

②雙人豎叉劈腿：甲方雙腿前後分展呈豎叉，前腳跟、後腳面著地，雙手左右支撐地面，上體稍前傾，同時乙方屈膝下蹲於甲背後，用右手下按臀部，左手按肩部進行劈腿練習，目視前方（圖24）。

【要點與提示】
乙方助力下壓時用力要適當，練習內容甲

圖24

乙雙方可互換，練習次數以每組10～15次為宜，可進行3～5組練習。

（2）單人劈腿

①單人橫叉劈腿：練習者雙腳側展呈橫叉，兩腳內側著地，上體垂立，雙手於體前支撐地面，同時身體上下振壓進行劈腿練習，目視前方（圖25）。

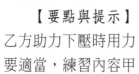

圖25

圖26

②單人豎叉劈腿：練習者雙腳前後分展呈豎叉，前腳跟、後腳面著地，上體稍前傾，同時雙手於體兩側支撐地面，身體上下振壓進行劈腿練習，目視前方（圖26）。

【要點與提示】用力要適度，上下振壓要有彈性，練習次數30～50次為一組，可進行1～3組練習。

（3）單人抱腿

①前抱腿：練習者左腿蹬撐地面，上體垂立，右腿屈膝上提，同時雙手體前回抱右膝及右腳面進行靜力抱腿練習（圖27）。

②後抱腿：練習者左腿蹬撐地面，上體垂立，右腿屈膝反折於體後，同時雙手抱拉右腿進行靜力抱腿練習（圖28）。

③外抱腿：練習者左腿蹬撐地面，上體稍側傾，右腿屈膝外展，同時用右手向上提拉右踝，左手回護體前進行外抱腿練習（圖29）。

④內抱腿：練習者左腿蹬撐地面，上體垂立，右腿屈

圖27

圖28

圖29

膝向內翻，同時用雙手抱拉右腿進行抱腿練習（圖30）。

【要點與提示】左右腿互換練習，抱腿角度至極限以增加訓練效果，支撐腿穩固，靜止練習時間每組1～3分鐘，可進行2～4組練習。

（4）壓踝法

①俯身壓踝：練習者雙腿併攏，屈膝跪於地面，上體向前俯身，以頭前額處著地，同時雙手臂前伸，臀部坐於雙腳跟上進行靜力壓踝練習（圖31）。

圖30

②仰身壓踝：練習者雙腿併攏，屈膝跪於地面，上體向後仰身，同時雙手臂側展於身體兩側，頭後部著地進行靜力壓踝練習（圖32）。

【要點與提示】身體充分伸展，俯仰沉身，靜力練習

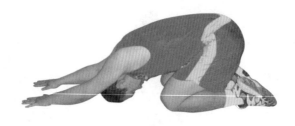

圖31

圖32　　　　　　　圖33

時間每組1～3分鐘，可進行2～4組練習。

（5）盤腿法

①坐盤腿：練習者盤膝坐於地面上，雙腳底對觸，同時雙手分別下按左右膝部，上體稍前傾進行劈腿練習，目視前方（圖33）。此外還有一個練習好方法，即用雙手抱握雙腳尖，上體俯身，頭部觸及雙腳尖進行靜力劈腿練習（圖34）。

②跪盤腿：練習者雙腿屈膝跪於地面，左右膝內距大於肩寬，同時雙手卡握腰間，上體垂立，左右腳內側著地，身體上下振壓進行動力劈腿練習，目視前方（圖35）。

圖34

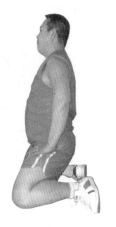

【要點與提示】坐盤、跪盤劈腿練習時要用力適當，動力練習每組10～20次，可進行2～3組練習；靜力練習每組10～30秒，可進行2～3組練習。

圖35

二、空踢訓練

空踢訓練能夠使練習者熟悉散打精踢技術要領、動作路線、踢擊作用、用力次序等，能逐步提高精踢技法的質量，建立動力定型和完全自動化腿技。

空踢訓練可以面對鏡子練習，從鏡子中觀察自己的動作正確與否，並且進行修正，直至準確完美。空踢訓練適合於本書中所有的腿法。訓練時，練習者可採取慢速與快速、半力與全力、單腿空踢與組合腿空踢、定步空踢和移步空踢、高位腿與低位腿空踢等多種形式相互融合為一體進行訓練。練習次數與組數要因人而異，一般以每組8～10次，3～5組為宜。

例如凌空飛踹、高邊腿、下劈腿、低位側踹腿等空踢練習（圖36～39）。

空踢訓練要在柔韌訓練後進行，或安排在熱身練習如慢

圖36

圖37　　　　圖38　　　　圖39

跑、四肢操、呼吸功等之後，旨在通過熱身，提高機體興奮度，降低肌肉內部的黏滯性，避免拉傷、撕裂傷的發生。

三、負重訓練

負重訓練能夠快速提高出腿和收腿的速度、力度，並且鍛鍊平衡能力。常用的方法有腿縛沙綁腿、腳套皮筋帶、穿特製的鐵鞋進行訓練。

圖40　　　　　　　　圖41

　　採用負重練習一定要將所縛物繫牢固，防止其脫離傷人。同時次數與組數應以具體情況而定，一般可採用小數量、多組數練習。沙綁腿、鐵鞋的重量，皮筋的長短及抗阻力大小和出腿高低、快慢都應按照由易到難、由輕到重的原則進行。

　　【注意】各種負重練習方法都要在練習者具備了踢打技術動力定型後再運用。

1. 槓鈴練習法

　　（1）深蹲：練習者雙腳開步站立，步距與肩同寬，雙手左右拳握槓鈴兩端，將槓鈴置於後頸背處，上體直立，接著進行屈膝下蹲練習，目視前方（圖40、41）。

　　（2）跨蹲：練習者雙腿屈蹲呈馬步，雙手前後拳握槓鈴兩端，且槓鈴置於地面，上體直立，接著進行直膝上提槓鈴練習，目視前方（圖42、43）。

圖42

圖43

圖44

圖45

（3）箭步蹲：練習者雙腳並步站立，雙手拳握槓鈴兩端，並將槓鈴置於後頸背上，接著右腳向前上步，左腳掌蹬地，身體垂直下降進行箭步蹲練習，目視前方（圖44、45）。

圖46　　　　　　　　　　　　圖47

【要點與提示】身體垂立，握槓牢固，練習重量一定要由輕至重，練習次數由少至多，並且根據自身腿部力量的大小可劃分為輕、中、重三個等級進行負重練習，以此來全面發展腿部力量。每組8～12次，可進行3～5組練習。

2. 矮步練習法

練習者雙腿屈膝蹲走，上體垂立，同時雙手各持一個槓鈴片進行負重矮步練習，目視前方（圖46、47）。

【要點與提示】蹲身沉穩，移步靈活，雙手持槓鈴片牢固，前後擺臂自然，走步距離由少到多，負重重量因人而異。每組20～30公尺，可進行4～6組練習。

3. 啞鈴練習法

練習者雙手各持一個組合啞鈴，面對障礙台（臺階、木凳均可），雙腳自然分開站立，接著雙腿蹬地發力向體上方躍跳至障礙台進行反覆練習，目視前方（圖48、49）。

圖48   圖49

【要點與提示】所持啞鈴的重量要由輕到重，選擇障礙台高度時要量力而行，抓握啞鈴牢固，跳落靈敏、準確。每組10～20次，可進行3～5組練習。

4. 皮筋練習法

（1）蹲身起立

練習者選用一組強力皮筋，皮筋兩端分別踩於雙腳下，同時將皮筋中段掛至頭頸處，雙手臂握拳下垂體兩側，接著雙腿蹬地，直膝站立，將皮筋抻展進行蹲身起立練習，目視前方（圖50、51）。

【要點與提示】雙腳踩踏皮筋牢固有力，上體垂立起蹲，呼氣發力。每組20～30次，可進行2～5組練習。

（2）仰身蹬腿

練習者仰身躺於地面，選用一組強力皮筋，將皮筋兩端分別套於左右腳上，皮筋中段掛於頭頸上，同時雙手臂

圖50

圖51

圖52

屈肘握拳於體兩側，雙腿依次向前進行蹬抻皮筋練習，目
視腿方（圖52）。

　　【要點與提示】雙腿蹬抻皮筋充分有力，頭頸與腳形
成前後爭力，動作連貫有節奏。每組15～20次，可進行
3～5組練習。

　　（3）皮筋固定踢腿法

　　練習者將皮筋一端固定在鐵樁上，另一端繫在發力腿的

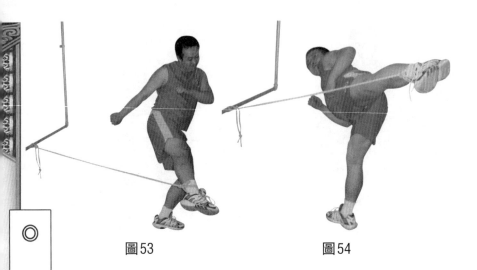

圖53   圖54

腳踝處，然後進行腿法踢擊練習，目視腿方（圖53、54）。

【要點與提示】捆繫皮筋要牢固，皮筋的長短以其最大抗阻力為宜，左右腿交替練習，每組中每種腿法20次，可進行2～4組練習。

5. 持啞鈴提踵法

練習者左右手各持一組啞鈴，雙腳併攏身體自然站立，腳後跟懸空站於地面槓鈴片上，接著進行雙腿提踵練習，目視前方（圖55、56）。

【要點與提示】手握啞鈴牢固，雙腳提踵一致，雙腿直膝，腳踝發力，腳跟提離地面高度越高，訓練效果越好。每組10～15次，可進行3～5組練習。

6. 繫啞鈴提膝法

練習者將一組啞鈴用寬帶綁繫在右腳上，同時左腿蹬

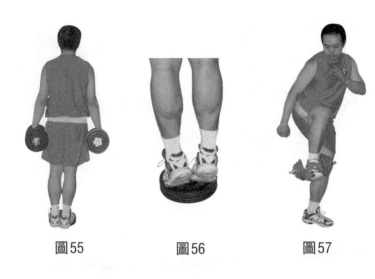

圖55　　　　　　圖56　　　　　　圖57

撐地面，上體稍前傾，
雙手隨動體周，進行原
地提膝練習，目視腿方
（圖57）。

　　【要點與提示】捆綁牢
固，啞鈴重量要因人而異，
以不影響練習者提膝動作為
宜，每組 10～12 次，可進
行 3～5 組練習，左右腿交
換練習。

圖58

7. 沙綁腿練習法

　　練習者將沙綁腿繫在左右小腿上，然後進行負重側
踹、負重前蹬等不同腿法的練習，同時雙手隨動於體周，
目視腿方（圖58～60）。

圖59

圖60

【要點與提示】沙綁腿重量要因人而異，以出腿時腿法不變形為宜，捆綁牢固，左右腿交替練習，每組 10～20 次，可進行 5～8 組練習。

8. 穿沙衣跑步法

練習者穿著沙衣可以進行短距離 20 公尺、30 公尺、50 公尺，中距離 200 公尺、400 公尺、800 公尺，長距離 2000 公

圖61

尺、3000 公尺、5000 公尺不同距離的跑步練習，同時雙手臂自然擺動，目視前方（圖61）。

【要點與提示】沙衣選擇由輕到重，跑步時應選擇平坦寬敞、空氣新鮮的場地，呼吸順暢，動作輕鬆富有彈性，最好多種距離輪換練習，以全面提高腿功。

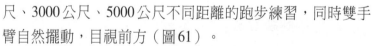

圖62　　　　　　　　　　圖63

9. 跳障礙台法

練習者面對組合障礙台，雙腿分開屈膝下蹲，同時上體稍前傾，雙手臂前後擺動，接著雙腳蹬地進行連續跳躍障礙台練習，目視前方（圖62、63）。

【要點與提示】注意力要集中，蹬地擺臂協調一致，落地時先由腳掌著地以緩衝身體體重對足踝的不良刺激。每組8～10次，可進行2～4組練習。徒手跳躍障礙台熟練後，應在練習者左右腿上束綁沙綁腿進行負重跳臺練習，以增加練習難度，更好地提高腿力。

10. 跳躍練習法

（1）縱　跳

練習者雙小腿束綁沙綁腿，進行原地或行進間雙腳蹬地，身體凌空，同時雙手臂自然擺動，雙腿膝部觸及胸部

進行連續縱跳練習，目視前方（圖64）。

（2）蛙　跳

練習者雙小腿束綁沙綁腿，進行雙腳蹬地，身體向前上方連續蛙跳練習，同時雙手臂自然擺動，目視前方（圖65、66）。

圖64

【要點與提示】沙綁腿要捆綁牢固，蹬地有力，身體跳躍靈敏，腳掌先落地。每組10～20次，可進行2～4組練習。

11. 屈腿練習法

練習者俯身爬在臺面上，雙腿束綁沙綁腿向後伸展，接著雙腿屈膝上折進行屈腿負重練習，目視前方（圖67、68）。

圖65

圖66

圖67

圖68

【要點與提示】屈膝充分，身體呈水平位置。練習次數50～100次，沙綁腿重量因人而異，量力而行。

12. 架人起練習法

練習者自然站立，雙腳與肩同寬屈膝下蹲，先選體重較輕隊員架於肩背上，同時雙手抱控其雙小腿，接著挺身站立進行架人起練習，目視前方（圖69、70）。

【要點與提示】架人要由輕到重，並逐步增加被架人的體重，起落平穩，身體垂立，被架隊員雙手插腰，以保護自身平衡，每組10～20次，可進行3～5組練習。

圖69　　　　　　　　圖70

四、平衡訓練

　　平衡訓練是散打隊員容易忽視的訓練內容，故在實戰對搏中隊員使用腿技踢空，失去平衡倒地，及發腿不注意自身平衡而被對手輕易反擊倒地的情況屢見不鮮，所以加強散打隊員腿技的平衡訓練至關重要。

　　施發腿技力求平衡穩健，必須從兩個方面來提高，即發腿技巧和平衡功修煉，發腿時要遵循下述幾點原則：一是支撐腿抓地牢固，俗稱為發腿有根；二是雙手臂擺動與腿的踢擊方向形成爭力；三是出腿時身體的重心不要失去平衡（地趟腿除外）；四是發腿快出快收。如此才能保證出腿準確、有力、平衡、流暢。

　　散打腿技平衡訓練法有站樁功、活腳功、抱拉腿功及控腿功等。

1. 控腿練習法

控腿是一種比較吃功夫的練習方法，是將腿定格在不同高度、不同方位的靜力性定腿練習。這種練習方法能夠增強腿部的自控力、平衡力以及柔韌性。練習者控腿時間由數秒至數分鐘不等，時間越長，效果越好，同時注意左右腿應互換進行練習。

圖71

控腿時，應將正位、側位、後位以及高、中、低三段結合起來練習，並且結合放鬆腿與發力腿的交替練習。此外，還有一種奇特的練習方法，即練習者在控腿時可採用閉眼冥想的方法練習。例如，前蹬控腿法（圖71）。

【要點與提示】控腿應左右腿互練，時間由10秒～3分鐘不等，並且要注入意念訓練，如「我的控腿最棒」「我能控更長的時間」等。

2. 樁功練習法

（1）馬步樁

練習者雙腿開立，屈膝下蹲呈馬步，上體舒鬆，頭頸虛領，同時雙手臂環抱成圓於胸前，目微視前方（圖72）。

圖72

| 圖73 | 圖74 | 圖75 |

【要點與提示】體鬆意靜，周身鬆沉，氣血暢通。練習時間5～20分鐘。

（2）弓步樁

練習者右腿屈膝前弓，左腿自然向後蹬撐地面呈弓步，上體舒鬆，頭頸虛領，同時雙手臂下沉墜於身體兩側，目微視前方（圖73、74）。

【要點與提示】體鬆意靜，周身鬆沉，氣血暢通。練習時間5～20分鐘。

（3）獨立樁

練習者左腳直膝支撐地面，右腿屈膝上提於襠前，同時上體挺立，雙手臂托掌至面前，與肩同寬，目微視前方（圖75）。

【要點與提示】體鬆意靜，周身鬆沉，氣血暢通。練習時間5～20分鐘。

3. 活腳功練習法

練習者雙腳與肩同寬自然站立，上體及雙手臂隨腳功練習自然擺動，雙腳依次移動變化身體重心，用腳外側、腳內側、腳後跟和腳尖著地進行活腳功練習，目視前方（圖76～80）。

圖76

【要點與提示】雙腳原地移變靈活連貫，活腳功可反覆循環進行靜力和動力練習，每次練習5～20分鐘。

圖77

圖78

圖79

圖80

五、踢物訓練

踢物訓練是練習腿功最常用、最見效的一種好方法。現在的被踢物種類很多，如吊式沙袋、地置沙袋、手靶、腳靶、胸靶、腰靶、巨型香蕉靶、立式彈簧球、高低木樁、牆體、樹幹等。透過踢物練習，可以提高踢擊的力度、硬度以及準確性、協調性和平衡性，掌握正確的著力點、時間感、節奏感、實戰感等多種實戰所需的能力。

踢物訓練分為靜止目標和移動目標兩種，兩種目標應結合起來訓練。示靶時，應將頂力示靶和順力示靶結合起來，全面提高腿技功效。練習次數和組數要循序漸進，因人而異。踢物時，要將目標想像成對手，並進入實戰角色狀態，全力以赴進行練習，同時要左右腿互踢，單腿和組合腿齊練，做到平衡發展。

1. 踢沙包練習法

選用大小適中、輕重適宜的皮質沙包，懸掛於空闊乾淨、平整的場地，練習者面對沙包，可利用散打各種腿法進行踢擊練習，例如利用彈腿、邊腿、蹬腿、踹腿、旋擺腿、釘腿、點腿、後撩腿進行踢擊沙包練習，目視腿方（圖81～88）。

圖81

【要點與提示】踢擊沙包時要做好準備活動，初練者還要佩戴好護膝、護腳，以防止損傷發生。同時要集中注意力，把握好節奏。每種腿法可進行3～5組練習，每組10～15次。

圖82

圖83

圖84

圖85

圖86

圖87

圖88

2. 踢樹椿練習法

練習者面對大樹站立，將樹椿想像成對手，然後施發
散打各種腿法進行踢擊練習，同時雙手隨動體周，例如利

圖89

圖90

圖91

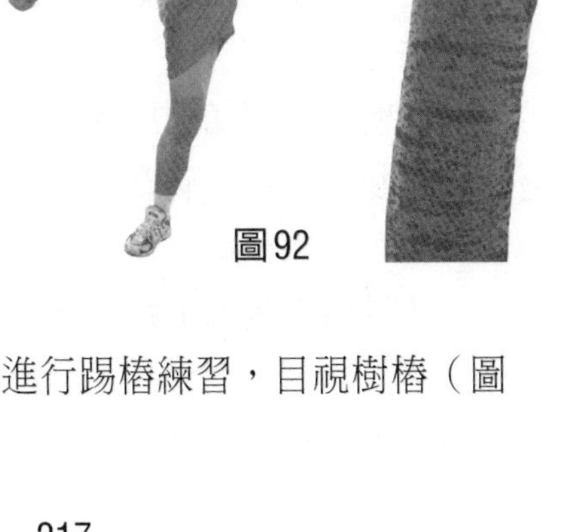

圖92

用蹬腿、踩腿、踹腿、劈腿進行踢椿練習，目視樹椿（圖
89～92）。

圖93　　　　　　　　　　圖94

【要點與提示】出腿準確有力，踢擊時可單腿獨發，還可組合腿連踢，練習次數每組15～20次，可進行2～4組。

3. 踢擊鐵槓練習法

練習者面對鐵槓站立，將鐵槓意化成對手，然後施發各種散打腿法進行踢擊練習，同時雙手隨動於體周，例如利用邊腿、蹬腿、踩腿、踹腿、旋擺腿進行踢槓練習，目視鐵槓（圖93～97）。

圖95

【要點與提示】踢擊準確，用力由輕到重，初練者可戴護腳、護腿或在鐵槓上纏繞緩衝物以防損傷，當功力精熟時再赤腳練習。每組10～20次，可進行3～5組練習。

圖96　　　　　　　圖97

圖98　　　　　　　圖99

4. 踢腳靶練習法

（1）固定腳靶踢擊法

　　練習者將單個或多個腳靶捆綁在粗樹幹或木樁上進行
單腿或組合腿踢擊腳靶練習，同時雙手隨動體周，例如利
用低邊腿連踢、踩腿、低踹腿、高邊腿、中踹腿進行踢靶
練習，目視腿方（圖98～103）。

圖100　　　　　　　　圖101

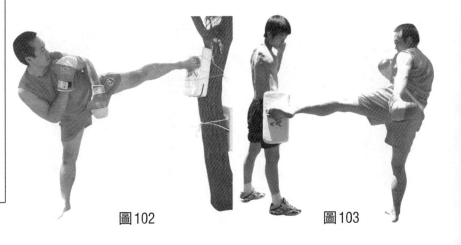

圖102　　　　　　　　圖103

　　【要點與提示】捆靶牢固且靶位要呈多樣性，以便利於實戰。透過身法、步法的移變，將「死靶」踢活。發力爆猛，意念兇狠。每組腿法可進行3～5組練習，每組10～20次。

圖104　　　　　　　　　圖105

圖106

（2）移步靶踢擊法　　　　　　圖107

　　雙方練習，一方可持單個腳靶或雙個腳靶在移動中不固定地出示各種靶位，而另一方有感而應用腿法去踢擊靶面，同時雙手隨動，例如利用低邊腿、高邊腿、高踹腿、轉身後蹬腿進行踢靶練習，目視腳靶（圖104～107）。

　　【要點與提示】雙人踢靶分單靶、雙靶、定位、移位

圖108　　　　　　　　　　圖109

等多種練習。要求示靶者出靶快捷、到位、有力，要求踢靶者反應機敏，有感而應，踢靶兇狠，勁力通透，左右腿練習，每次練習時間20～30分鐘。

六、障礙訓練

障礙訓練是一種獨特的訓練方法，是指發腿後穿過、越過、繞過設置的不同障礙物的踢擊方法，對培養練習者膽量以及出腿的準確性和自控力都大有好處。通常可以利用木凳、跨欄架、肋木間隙、單雙槓、擂臺圍繩間隙等障礙物進行訓練。進行障礙訓練時要專心致志，一絲不苟，發腿時可以先慢後快，等適應後再疾速出腿。

練習者面對單槓、雙槓、低欄架、橫向鐵架等不同障礙物，分別進行散打各種腿法如左踹腿、邊腿、左右劈腿、踩腿、右踹腿穿繞障礙物練習，同時雙手隨動體周，目視腿方（圖108～112）。

圖110

圖111

圖112

【要點與提示】穿繞障礙物準確，出腿速度由慢到快，左右腿可互換練習，每組腿法可進行3～5組，每組10次。

七、抗擊訓練

透過進行抗擊訓練，能使雙腿堅硬無比，極具殺傷力，還可以降低自身腿部痛覺的敏感度。抗擊訓練的內容包括自身抗擊練習和雙人對抗練習。

自身抗擊練習：用小沙袋抽擊腿部、用雙手拍打腿部、雙腿相互盤踢或用圓木棒、酒瓶上下滾壓脛骨等。

雙人練習方法：用木棒（包纏緩衝物）、橡膠管、排打彈板等物相互抗擊腿部，練習時力量要由輕到重，速度要由慢到快，數量要由少到多，強度要由小到大，以練習者能承受為宜。切不可操之過急，亂打猛擊，以防造成腿部的傷損。

進行腿部的抗擊訓練時，特別是小腿的正面訓練有一定的難度，因為小腿脛骨處皮薄而肌肉少，初練時可戴上保護用品如護腿等，等逐步適應後再進行光腿練習。

此外，用雙小腿跪行或反覆跪跳的方法訓練小腿脛骨硬度，也是十分有效的方法。

1. 木板拍擊脛骨法

練習者屈膝跪步，上體稍前傾，用右手持握拍打木板，上下反覆拍擊左小腿脛骨處，同時右手臂下落體側握拳，目視腿方（圖113）。

【要點與提示】拍擊力度以練習者能承受為宜，左右腿

圖113

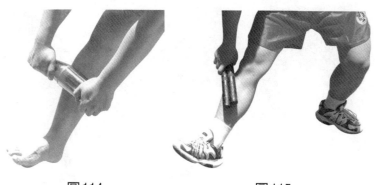

圖114　　　　　　　　　圖115

交替練習，呼氣拍打，意氣力相合。拍擊木板應選擇平整有彈性的，每組50～100次，可進行1～3組練習。

2. 酒瓶滾壓脛骨法

練習者右腿蹬在支撐物上，左腿直立蹬地，身體前傾，同時用雙手持握酒瓶在右腿脛骨處反覆上下進行滾壓練習，目視腿方（圖114）。

【要點與提示】滾壓有力連貫，雙手握酒瓶要靈活自然，左右腿交替練習。每次10～15分鐘。

3. 雙節棍拍腿法

練習者左腿屈膝下蹲，右腿直膝，腳尖上翹，上體稍前傾，同時右手持握膠質二節棍上下反覆依次拍擊右腿前面內側、外側等部位進行抗擊練習，且左手卡腰，目視腿方（圖115～118）。

【要點與提示】拍擊準確，用力以自身能承受為度，左右腿交換練習，每次練習時間10～20分鐘。

圖116

圖117

圖118

4. 跪行練習法

練習者雙腿屈膝下跪於地面，上體垂立，同時用雙小腿脛骨及膝蓋向前行走，雙手臂自然擺動，目視前方（圖119）。

5. 跪跳練習法

練習者雙腿屈膝下跪於地面，上體垂立，雙手向上擺動，同時身體上躍，雙腳落地呈半蹲式，目視前方（圖120、121）。

【要點與提示】轉腰擺臂，收腹挺身發力。初練跪行、跪跳時可選戴護腿，或在草坪和軟質地毯上練習，行走距離和跪跳次數要因人而異，一般以10～20公尺為宜，反覆跪跳次數以每組10次為宜，可進行2～3組。

圖119

圖120

圖121

圖122

圖123

6. 對盤腿功練習法

（1）盤腳功練習法

練習者可原地或行進間用右腳依次盤踢左腳腳跟、腳內側、腳外側、腳尖及腳面進行抗擊腳練習，同時上體自然挺立，雙手隨動，目視腳方（圖122～126）。

圖124

圖125

圖126

圖127

（2）盤腿功練習法

　　練習者可原地或行進間用右腳依次盤踢左小腿後部、前部、內側、外側及左大腿的前部、後部進行抗擊腿部練習，同時上體自然挺立，雙手隨動，目視腳方（圖127～132）。

圖128

圖129

圖130

圖131

圖132

【要點與提示】右盤踢腿有力準確，左支撐腿扣趾抓地，身體沉穩，每次練習20～30分鐘，盤踢的力量由小到大，直至全力、速度由慢到快，直至全速。

八、意念訓練

意念訓練是指腿技練習者的內心活動貫穿於腿技訓練的全過程，意念訓練分「文」意念和「武」意念兩種。

「文」意念是指在腿技練習過程中，意想正確技術動

作的心理活動。如發力時意想「根節起、中節隨、梢節打」之發力原則，意想支撐腳扣趾抓地牢固，意想出腿的角度合乎標準等。

「武」意念專指腿技在實戰中運用的意念。如意想出腿準確兇猛、有力多變，對手休想逃走，中腿者必倒無疑，以達到心狠意重、入木三分的踢擊效果。

意念訓練是腿技中一項非常重要的修煉內容。拳語云「意功，意功，練了意功才能有真功」。意念訓練能深度激發人體的潛能，精熟腿招，強膽壯威，克敵致勝，故修煉者不可忽視，不可漏練。

九、擊破訓練

擊破訓練是經過艱苦不懈的腿功修煉，才能完成和達到的真功夫。擊破訓練需要正確的方法加上強勁的腿功，以及適宜的被擊物，三者缺一不可。透過擊破訓練，不僅能大大提高訓練者的興趣，同時還能增強訓練者的自信心和成就感，也是對精踢腿技威力的展示。

擊破訓練的具體方法是：腳斷木板、鋼條、磚瓦及酒瓶、報紙等。擊破時一定要將自身的意、法、力、聲、氣合五為一，這樣才能做到腳到物破（圖133、134）。

進行擊破訓練時，切記要在有一定功力後才能試擊，並且要逐步減少保護緩衝物，防止腿部、腳部損傷的發生。

擊破訓練後，一定要注意練習部位的恢復和保養，可適當地選用一些舒筋活血、強筋健骨的中藥塗抹訓練部位。

圖133

圖134

十、實戰訓練

拳語云「既得藝，必試敵」，此語充分強調了實戰的重要性。實戰訓練包括條件實戰、自由實戰和比賽實戰。特別要注意的是，除了與本隊隊員進行實戰外，還要與其他隊的技戰術風格迥異的選手進行實戰訓練，這對提高自身的實戰能力和積累實戰經驗都非常有益。

實戰訓練要嚴格按照訓練要求進行，要有教練在場監督指導，不能蠻幹。初練實戰時應該從條件分離式實戰開始，逐步過渡到接觸實戰，最後才能進行自由實戰和比賽實戰。實戰訓練中應將腿之搶攻、防守以及防守反擊等形式融合起來練習，並且有經濟能力的還可以用攝影機把實戰場景拍下來，以便訓練後對技戰術進行針對性的分析、總結與改進。

實戰訓練是檢驗和提高技戰術的重要方法，同時也是

總結和積累實戰經驗的最佳手段。練習實戰時，要求精力集中，體能良好，要在無傷病的情況下進行，否則會不利於實戰水準的提高，加重傷病。

實戰練習要適時、適度，不能過於頻繁，以免使隊員產生心理障礙，給隊員帶來傷害事故。

實戰時，隊員應具備一定的生理和心理承受能力。因散打激烈對抗程度較高，在互相踢、打、摔過程中，難免會出現一些輕微的損傷，因此，在實戰訓練中，要佩戴有關護具，如護頭、護胸、護腿、護襠等，不能馬虎大意，以免在實戰訓練中造成不必要的身體傷害。在實戰時有時還會產生一些心理上的打擊，所以要正確地對待實戰中的勝敗得失，及時調整好自己的心態。

第四章

散打基礎理論

第一節 散打概述

散打是按照一定的競賽規則，運用武術中的踢、打、摔等攻防技法進行徒手對抗的一種現代競技體育項目，是中國武術內容的重要組成部分。散打，又稱散手，俗稱「打擂臺」。

一、散打的起源與發展

在散打的發展過程中，經歷了相當長的歷史時期。散打在歷代有著不同的稱謂，如角力、相搏、手搏、卞、白打、拆手、拍張、相散手、技擊等。

1. 古代散打的歷史變遷

散打的起源，可以追溯到遠古時期我國先民的生產活動。在當時工具還不發達的情況下，人類為了生存，經常與野獸進行赤手空拳的搏鬥，並逐步形成了拳打、腳踢、躲閃、跳躍、摔跌等動作以「手格猛獸」。隨著私有制的

出現和部落間戰爭的頻繁發生，人與人之間的格鬥技也得到了發展，這可以說是最早的一種散打雛形。

商周時期，武術「徒手搏擊」已得到了進一步的發展。如《周禮‧夏官‧環人》中記載：「環人搏諜賊」。「搏」在這裏是拘捕的意思。《禮記‧月令》記載「孟秋之月……禁止奸罪邪，務搏執。」這是西周奴隸主貴族為防止奴隸的反抗暴動，讓司法人員重視搏執的練習。又據西周金文史料記載：「夫有文無武，不足以威天下；有武無文，民畏不親；文武俱行，威德乃成。」此記載足以表現出當時所倡導的「文武皆備」之教育理念。

到了春秋戰國，「相搏」已較為普遍，在「相搏」攻防技術中，除擊法外，摔法、拿法也有發展。如《公羊傳》中記載：「萬怒，搏閔公，絕其脰。」「絕其脰」就是擒拿中的鎖喉法。又如《荀子‧議兵篇》記載：「若手臂之捍頭目，而覆胸腹也，詐而襲之與先驚而後擊之。」從中可以看出，此時已有了驚上取下、佯攻巧打的戰術運用。

秦漢時期，「相搏」叫「手搏」，比賽已比較正規。1975 年在湖北江陵縣鳳凰山出土的秦墓中發現了一個木篦，在其弧形背面就有彩繪的「手搏」比賽場面。畫面上有三個男子，均著短褲，腰間束帶，足登翹頭鞋。其中兩人正在進行「手搏」比賽，第三個人雙手前伸，作出裁判的姿勢；臺上掛有帷幕飄帶，表示比賽是在臺上的帷幕中進行的。整個畫面熱烈緊張，其形象栩栩如生，惟妙惟肖。《漢書‧本紀》載：「元封三年春，作角抵戲，三百里內皆觀。」足見角抵在民間受喜愛的程度。

隋唐五代時，手搏、角抵備受重視，比賽幾乎形成了制度。尤其是唐代武舉制的實行，更使得這個項目得到了發展。手搏、角抵在社會上開展得很普遍，上至帝王將相、下至庶民百姓都很喜歡這個項目。

隋唐五代時的手搏、角抵比賽已形成大體規則，不分體重級別，沒有護具，赤身短褲，多在方形的臺子上進行，雖犯規處罰不明顯，但獲勝者都要給予重獎。

兩宋時期，手搏在民間更為流行，每年都要舉行「擂臺爭跤」的比賽。儘管在當時這種擂臺爭跤還不是很成熟，但它已是中國古老的武術對抗競賽形式，而且我國較早記載角抵、手搏的武術專著《角力記》也是在這一時期問世的。

元代，民間武藝受到了較大的摧殘。統治階級為了維護其統治，嚴禁百姓練武，規定「民習角抵，槍棒罪」。連民間私藏武器也要治罪，那時人們多是冒著生命危險，以秘密家傳的方式在暗中傳承著武藝。

明代，手搏多稱為白打或打擂臺。這一時期是武技集大成的發展時期，民間的打擂臺比武之風盛行。賽前，先設擂主，由擂主安排好高手準備應戰。為避免糾紛，凡來較量高低的人，臨場立好「生死文書」，然後上「獻台」攻擂。擂臺兩側的楹聯為「拳打南山猛虎，腳踢北海蛟龍」，以渲染比賽氣氛。比賽由「佈署」主持，並規定「不許暗算」，先敗下臺的為輸。勝者可獲得銀盃、彩緞、馬匹等獎品。

到了清代，伴隨著農民運動及秘密結社組織，出現了不少練武的「社」「館」。尤其是「白蓮教」「義和團」

「太平天國」等農民組織，對武技的發展和影響巨大。特別是清代設立了專門挑選摔跤搏鬥高手練習的習武機構——「善撲營」，促進了搏鬥武技的成熟。

民國初年，習武開禁，拳技之風蓬勃一時，當時以霍元甲及其創辦的精武體育會最為著名，對武術的推動起了很大的作用。

1927年，南京成立了中央國術館，此後在國內相繼建立了國術館達300多個，一些軍隊和大學都開設了國術課，許多武術家受聘任教，並培養出了一大批武術人才。

1928年10月28日，中央國術館在南京舉辦第1屆國術國考，為期10天。國考對抗項目設有散手、短兵、長兵、摔跤等，比賽採取單敗淘汰制，三局兩勝，在長方形的場地上進行，打法不講流派，不以體重分級，臨時抽籤分組比賽，其規則是：不戴任何護具，凡用手、肘、腳、膝擊中對方任何部位得1點，擊中對方眼部、喉部、襠部為犯規，犯規3次取消比賽資格。嚴重者1次即取消資格。

1929年初，為展示當時武林界各門派的真功夫，由中央國術館副館長李景林倡導並發起第一次全國性的國術表演及比賽大會。在徵得武林界的一致贊同後，在杭州的浙江省國術館舉辦了「國術遊藝大會」，從12個省及4個特別市篩選出345人參加了大會，其中參加散手比賽的有125人，評判委員會26人，監察委員會37人。散手比賽分4組，參加比賽者均著大會統一的灰色布短裝，紮腰帶，分為紅白兩色，擂臺高1.3公尺，長20公尺，寬18.6公尺。比試雙方在擂臺中央劃定的粉圈上相對而立，等裁判長鳴第一聲笛後，雙方各上前行一鞠躬禮，再鳴笛即開始比賽。比

賽期間，規則曾先後作了幾次變更，一次比一次簡單。規則規定不準挖眼睛、掐扼喉嚨、打太陽穴和取陰部等。

1933年，中央國術館在南京舉辦了第二屆國術國考，比賽項目有男女短兵、男女散手、中國式摔跤、國際拳擊。散手以點到為止，沒有時間限制，凡用手或腳踢擊中對手任何部位得1點，有的參賽者只用腳尖踢中對手或用手指摸到對手頭髮也算得1點，故雙方均不敢輕易進攻，只是躲躲閃閃，蹦來跳去，被當時的報紙評論為「國術場成了鬥雞場」。

1933年，在南京舉辦的「全國運動大會」仍設有散手項目，比賽以性別分組，按體重分級，並用打棒球的護胸和踢足球的護腿作為護具，頭和襠部是禁區。擊中禁區者算做犯規，將對方擊倒勝一局，比賽採取三局兩勝制，沒有時間限制。隊員為了將對手打倒取勝，比賽近似於摔跤，一對選手比賽有的竟達1小時以上，被當時的報紙又評論為「國術場成了鬥牛場」。

2. 現代散打的發展

（1）散打在國內的發展

1949年新中國成立以後，武術套路被列為重點推廣項目，武術散打只在民間流傳。

1953年11月，在天津舉行的全國民族形式體育表演及競技大會上，散手被列為表演項目。

1955年，由於中國拳擊比賽出現了傷亡事件，對於易發生損傷的對抗項目不被國家所提倡，故散打研究終止，散打的發展陷入了低谷。

1966年至1976年，「文化大革命」使新中國的武術發展進一步走向畸形，武術被規定絕不準論技擊，此時的散打處於低谷。

1978年，黨的十一屆三中全會以後，隨著改革開放政策的落實，體育界也迎來了「百花齊放，百家爭鳴」的喜人局面，武術又開始在全國各地蓬勃發展起來。

1979年3月，隨著全國武術熱的興起，原國家體委決定在浙江省體委、北京體育學院、武漢體育學院3個單位進行武術散手項目試點。

1979年5月，在廣西南寧舉行的全國武術觀摩交流大會上，由浙江省體委、北京體育學院、武漢體育學院3個單位進行了散手彙報表演。

1979年10月，在第四屆全運會上，原國家體委調浙江省和北京體育學院散手代表隊赴石家莊賽區，與河北省體委選拔組成的散手隊進行公開表演。這時的散手比賽不設擂臺，只在地上畫一直徑為6公尺的圓圈，出圈即為出界，相當於現在的下擂臺。

1980年10月，原國家體委調集試點單位的有關人員開始擬定《武術散手的競賽規則》（徵求意見稿），後經修改，於1982年制定了《武術散手競賽規則》（初稿），並按此規則在北京體育館舉行了全國武術散手邀請賽。自此，散手按照「積極、慎重、穩妥」的精神發展，同時每年舉行一次「全國武術對抗性項目（散手）表演賽」。

1983年至1987年，先後在南昌、濰坊、太原、哈爾濱等地舉行了武術散手的表演賽。

1988年9月，在甘肅省蘭州市舉行的全國散手比賽

中，首次進行設台比賽，台高60公分，長8公尺，寬8公尺，中心有一個醒目的太極圖案，突出了武術的民族特點與風格。從此，散手以擂臺的形式進行比賽被確定下來。

1989年4月，首屆全國散手教練員培訓班在北京舉行，來自全國各省、市的教練員59人參加了培訓。同年10月，在江西省宜春市舉行了第一次武術散手正式比賽，即全國武術散手擂臺賽。這次比賽正式採用了《武術散手競賽規則》，並且散手被正式批准為競賽項目，這是武術散手發展史上的一個轉折點，標誌著武術散手進入了一個新的階段。

1990年，為了鼓勵散手運動員勤學苦練，迅速提高運動技術水準，原國家體委正式頒佈了《武術散手運動員技術等級標準》。

1991年，全國武術散手比賽分為上半年舉行的全國武術散手錦標賽（團體賽）和下半年舉行的全國武術散手錦標賽（個人賽）。從這一年起，產生了新的競賽體制。

1993年8月，第七屆全國運動會在四川成都舉行。散手首次成為全運會比賽項目，並設男子團體1枚金牌。

1994年8月，原國家體委武術研究院、中國武術協會主辦的「94中華武術散手擂臺爭霸賽」在廣州市擺擂決戰，誕生了中華人民共和國成立以來的第一位「武狀元」陳超。從此，開始了武術散手商業性比賽的探索。

1997年，第八屆全國運動會武術比賽在上海舉行。原國家體委對此次全運會競賽項目進行了調整，武術是此次全國運動會唯一被保留的非奧運會項目，共設金牌15塊，其中散手項目由七運會的1枚金牌升為3枚金牌。

1999年，為使武術散手進一步規範化，突出民族特色，經國家體育總局武術管理中心決定，將散手正式更名為「散打」。同年，在北京體育大學舉行的全國武術散打錦標賽中，正式脫掉了護頭、護胸、護腿、護腳背等護具，只保留了護襠、護齒和拳套，這是武術散打史上從全式護具到點式護具的一次重大改革。

2000年，經過充分的醞釀，由中國武術協會主辦、北京國武體育交流有限責任公司承辦的中國武術散打王爭霸賽在北京正式開賽，這是中國散打進行的迄今為止最有力度的職業化改革，歷時3年，是賽期最長、影響力最廣的賽事，逐漸形成了一個品牌賽事。

2001年8月，第九屆全運會在廣東南海市舉行，武術散打的金牌增設到6枚。

2002年6月，全國武術散打錦標賽在大連舉行。來自全國40個單位的38支男隊和24支女隊近600名選手參加了比賽，這次比賽首次增設了女子項目，使武術散打項目在設置上更加完善。

2003年9月，全國武術散打冠軍賽（男子賽區）在河南鄭州舉行，共有42個代表隊的468名運動員參加了這次比賽，這是有史以來參賽隊伍和參賽人數最多的一次，經過兩天的激烈爭奪，11個級別的冠軍各歸其主。因比賽的激烈性和觀賞性很高，比賽門票價格高達百元。

2004年5月，在福建省體育中心舉行的全國男子武術散打錦標賽（團體）中，首次採用了新規則，即2004年版的《武術散打競賽規則》，增加了比賽的激烈程度，提高了裁判的可操作性。競技散打呈現出了群雄爭霸的局面。

2004年5月，在上海舉行了全國女子散打錦標賽。經過為期4天的激烈比賽，6個級別的冠軍都名花有主，其中上海隊榮獲團體第一名。

2004年12月，首屆中國武術散打俱樂部總決賽在福建泉州舉行，總獎金高達30萬元，無差別級冠軍楊曉靖獲2004年度中國武術散打俱樂部聯賽武狀元。

2004年12月，國家體育總局武術運動管理中心推出了又一全新賽事，即全國武術散打南北明星對抗賽在安徽合肥舉行。這次比賽是中國武術散打界近期最具規模的頂極賽事，也是2004年度的壓軸賀歲大賽。

2005年4月28日至30日，第十屆全運會女子武術散打預賽在河南省鄭州市舉行。

2005年5月11日至15日，第十屆全運會男子散打預賽在陝西省西安市舉行。

2005年10月19日至22日，第十屆全運會武術散打決賽，在江蘇省連雲港市淮海工學院體育館舉行。共有來自全國各省、市、自治區、解放軍以及行業體協的35支代表隊132名選手參加。經過4天一百多場廝殺，共決出男子六枚金牌和女子一枚團體金牌。其中，江蘇、四川、安徽、河南四支代表隊各得一枚金牌，浙江獨得兩枚，此外，本屆全運會首次引入了女子散打項目，並設一塊團體金牌。最終河南女隊藝壓群芳，摘得女子散打52公斤級、60公斤級、70公斤級小團體桂冠。

2005年12月2日至4日，第二屆中國武術散打俱樂部聯賽在北京開戰，全國34個俱樂部的190名選手參加了比賽。本次比賽分為資格賽、擂主冠軍賽、武狀元爭霸賽三

241

個部分。本次比賽共分男子60公斤級、65公斤級、70公斤級、75公斤級、80公斤級、85公斤級、85公斤級以上及女子60公斤級等8個級別，最終決出2005年度的中國武術散打「武狀元」。

2006年5月18日，全國武術散打錦標賽在江西南昌大學體育館拉開戰幕，比賽是由國家體育總局武術運動管理中心主辦，江西省體育局和南昌大學聯合承辦，南昌大學科技學院協辦。來自全國各地的48支代表隊共600多名武術散打優秀運動員齊聚南昌，此次比賽是中國武術最高級別和最高水準的全國性大賽，令人矚目。

2007年5月26至30日，「金牛蓋瑞杯」全國女子武術散打錦標賽在長春市體育館落下戰幕。來自全國各地的30餘支代表隊有近200名運動員，由國家體育總局武術運動管理中心主辦，吉林省體育局和吉林體育學院共同承辦，新疆金牛乳業集團協辦，比賽共設6個級別。經過一番爭奪，6枚金牌各有得主，分別是：48公斤級的吉林龔金蘭，52公斤級的吉林鄂美蝶，56公斤級的林業體協鄭倩倩，60公斤級的北京體育大學王貴賢，65公斤級的成都體育學院崔海霞，70公斤級的上海孫會。吉林代表隊榮獲團體第一名。

2007年6月22日至28日，由國家體育總局武術管理中心和山東省武術院聯合主辦的2007年全國男子武術散打錦標賽，在濟南皇亭體育館結束，11個單項級別的金牌各歸其主，安徽隊獲得團體總分第一名。本次比賽吸引了全國48支代表隊的300多名運動員參加，各級別成績前12名的選手將獲得本年度全國武術散打冠軍賽的參賽資格，並選

拔出代表我國參加「2008年北京武術比賽」的參賽選手。

2008年3月30日，「大比武2008——中國武術散打功夫王爭霸賽」開賽，由國家武術運動管理中心主辦，黑龍江電視臺承辦，黑龍江省體育競賽管理中心和哈爾濱少林武校協辦，是目前國內唯一由官方組織的頂級武術散打賽事。有來自北京、陝西、遼寧、黑龍江、北京體育大學等四十多個代表隊參賽。此次功夫王爭霸賽是國內最具權威、規模最大、歷時最長的武術散打賽事。各路散打高手將在70公斤級、80公斤級、90公斤級和90公斤級以上4個級別中，經過海選賽和擂主賽，決出4個級別的冠軍，優勝者可獲得巨額獎金。

2009年10月14日至17日，在山東菏澤舉辦第十一屆「好當家杯」全運會散打比賽。在為期4天的比賽中，7枚金牌被山東、河南、福建、陝西、上海、安徽6省代表隊瓜分。此次比賽設項分為男子50公斤級、58公斤級、67.5公斤級、77.5公斤級、87.5公斤級和87.5公斤級以上及女子52公斤級、60公斤級和70公斤級。本屆全運會女子散打項目只設一枚團體金牌。這次比賽中選手的動作規範、打擊力度、速度都有明顯提高，比賽精彩紛呈，緊張激烈。比賽中，沒有出現反判現象，先後倒地、雙方下臺等小錯誤的出現也降到了歷屆全運會以來的最低水準，裁判業務水準明顯提高。

2010年4月2日至5日，「藍帶啤酒」2010中國武術散打功夫王爭霸賽第一階段賽事在山東菏澤拉開戰幕。這是由國家體育總局武術運動管理中心主辦，聖方傳動國際體育交流（北京）有限公司承辦，是中國目前最頂級的武

術散打個人聯賽，也是中國最具權威、規模最大、水準最高、影響最廣、獎勵級別最高的武術搏擊類賽事，賽事分為初賽、擂主賽、功夫王爭霸賽三個階段，整個賽事貫穿全年。共分5個級別，分別是男子75公斤級、80公斤級、90公斤級、100公斤級和女子56公斤級，比賽除了拳套外不穿戴護具，打滿3局，每局3分鐘，實行單敗淘汰制。該賽事是在全球唯一授權的頂級武術散打個人聯賽，同時也是最具觀賞性、競技性、對抗性的大型武術散打商業賽事。

2010年8月4日至8日，「西鳳酒杯全國武術散打冠軍賽」在陝西省寶雞市開賽。來自全國各省、自治區、直轄市、行業體協、體育院校的45支代表隊，參加選手共210名，其中男選手130名、女選手80名。這些參賽選手都是上半年全國武術散打錦標賽中各個級別前12名的散打高手。本次比賽設男子11、女子7共18個級別。本次冠軍賽同時還是廣州第十六屆亞運會的選拔賽。比賽由國家體育總局武術運動管理中心主辦，陝西省體育局和寶雞市人民政府承辦，陝西武術運動管理中心和寶雞市體育局協辦，同時本次比賽得到了陝西西鳳酒集團股份有限公司的大力贊助。

2010年8月27日，中國武術散打超級聯賽（CKA）在陝西渭南的華山之巔拉開戰幕。CKA聯賽是中國第一個大規模的武術散打聯賽，去年，該聯賽共有6支隊伍參加，今年的CKA聯賽又增加了國內武術運動開展比較好的福建和浙江兩個省份。參賽隊伍分別來自北京、廣東、河南、山東、安徽、浙江、江蘇、福建。除了隊伍擴充外，今年

的賽制也進行了改革，去年的比賽採取的是循環積分賽制，今年賽制將變為南北地區對抗的形式，選手依體重分為65公斤級、70公斤級、75公斤級、80公斤級、85公斤級5個級別，採用團體之間的單循環淘汰賽制，最終決出總冠軍。總決賽由南方冠軍對陣北方冠軍，全年賽事16場，場次比去年大幅縮減。

CKA中國武術散打超級聯賽是由國家體育總局武術運動管理中心和中國武術協會主辦，中國武術散打超級聯賽組委會、北京東方武聯體育文化有限公司組織承辦的國家級體育賽事。

為使新賽事在視覺效果上有一個質的飛躍，進一步營造主場氣氛，吸引社會的關注和觀眾的參與，承辦方專門推出CKA聯賽賽場包裝計劃，除了賽事必備的燈光、音樂、美術效果外，更加注重文化內涵及時尚色彩，突出中華武學的獨特魅力，力爭使新賽季以更新的面貌展現在公眾面前，使更多人關注、重視、喜愛中國武術散打運動。

2010年10月12日，在廣東肇慶隆重進行了「藍帶啤酒」2010中國武術散打功夫王爭霸賽，經過4月份和9月份兩個階段的角逐，已產生4個級別的冠軍：陝西的冷鑫（75公斤級）、青海的付高峰（80公斤級）、北京的黃磊（90公斤級）和廣東的王強（100公斤級）。最終，黃磊獲得本年度中國武術散打功夫王爭霸賽最高榮譽的「王中王」稱號和百萬元巨獎，此次也是他第二次成功衛冕。

（2）散打在國際的發展

1984年10月，根據原國家體委「把武術積極穩步推向世界」的方針，從1985年開始，在國際武術聯合會籌備委

員會推動下，先後成立了歐洲武術協會、南美洲武術功夫聯合會、非洲功夫聯合會及亞洲武術聯合會等世界武術組織，這為武術在世界的進一步發展奠定了堅實的基礎。

1988 年，中國武術研究院與中國武術協會在深圳舉行了國際武術節，並首次舉行了國際武術散手擂臺賽，來自15 個國家和地區的近 60 名選手參加了比賽，結果中國隊以5 人參賽獲得了 7 個級別中的 5 個冠軍，同時首次向世界展示了中國武術散打的風貌。

1990 年 10 月 3 日，國際武術聯合會在北京正式成立（IWUF），標誌著武術的發展進入了一個新時期。

1991 年 10 月，在北京舉行了第一屆世界武術錦標賽，共有 40 個國家和地區的 500 餘名運動員參加了比賽，散手被列為表演項目。

1993 年 10 月，在馬來西亞首都吉隆坡舉行了第二屆世界武術錦標賽，53 個國家和地區的 600 多名運動員參加了比賽，散手第一次被列入世錦賽正式比賽項目。

1995 年、1997 年、1999 年、2001 年、2003 年分別在美國巴爾迪摩、義大利羅馬、中國香港、亞美尼亞埃里溫和中國澳門舉行了第三屆至第七屆世界武術錦標賽，並在第七屆世錦賽中增設了女子散打項目。

1996 年，在菲律賓舉行的第四屆亞洲武術錦標賽上，散打被列為正式比賽項目。

1998 年，在泰國曼谷舉行的第十三屆亞運會上，散打又被列為正式比賽項目，並設 5 枚金牌。

1999 年 12 月，中國功夫對美國職業拳擊爭霸賽在美國猶他市舉行，中國功夫以 7 比 2 戰勝對手。這是散打首次

在國外進行的商業比賽，在國際上產生了強烈的反響。

2000年7月，中國功夫和美國職業拳擊爭霸賽在中國廣州天河體育館舉行。中國功夫與美國職業拳擊再度交鋒，中國功夫以6比3再度獲勝。

2001年9月，首次中泰搏擊對抗賽在廣州舉行，中國散打以5比2取得了勝利，終結了泰拳500年不敗的神話歷史。

2001年12月，在泰國舉行的中泰搏擊對抗賽展開了兩番大戰，結果中國散打以1比4敗給泰拳。

2001年12月，中國武術散打對法國自由搏擊爭霸賽在陝西西安舉行，中國散打以6比1獲得了勝利。

2002年2月，國際武聯在國際奧委會第113次全會上得到正式承認，武術同時成為國際奧委會承認的項目。

2002年7月，第一屆世界盃武術散打比賽在中國上海舉行，來自16個國家和地區的44名散打高手爭奪11個級別的冠軍，中國隊以8人參賽、最後奪取6枚金牌的佳績名列榜首。

2002年9月，在中國廣州舉行的第三屆「藍帶杯」中泰搏擊對抗賽中，中方再度以6比1取得了勝利。

2003年8月，第四屆中國功夫對泰國職業泰拳爭霸賽在泰國舉行，結果中國隊以3比2獲勝，其中，中國隊員寶力高成為中國功夫與泰拳對抗中，第一個將對手技術性擊倒的選手。

2003年12月，在北京工人體育館舉行了世界散打爭霸賽，是由世界自由搏擊冠軍代表隊和中國散打王代表隊上演的一場激情四射的世紀豪決。中國隊以4比0完勝對

手，首次將國際自由搏擊聯合會（IKF）的金腰帶留在了中國，留在了北京。

2004年11月，第二屆世界盃武術散打比賽在中國廣州舉行。來自19個國家和地區的68名散打高手爭奪17個級別的冠軍，並首次增設了女子項目。中國隊共派11人參賽，最終奪得了10枚金牌。

2005年，國際武聯會員達到了106個，並起草擬定《國際武聯職委會工作條例》和《國際武聯財物管理辦法》。

2005年12月10日至14日，在越南首都河內的群馬體育館舉行第八屆世界武術錦標賽，來自64個國家和地區的近千名運動員參加了比賽，本次比賽共設有武術套路（男、女）22個項目和散打（男、女）18個級別的比賽，中國武術散打代表團共參加男子散打6個級別和女子4個級別的比賽，且獲得了團體第一名的好成績。

2006年5月13至16日，由亞洲武術聯合會主辦、中國澳門武術總會承辦的第七屆亞洲武術錦標賽在澳門塔石體育館舉行，來自22個國家和地區的230多名運動員參加角逐。此次賽事的套路比賽包括22個項目，散打比賽男女共12個級別，中國運動員參加了套路比賽中的12個項目和全部散打比賽。

2006年12月14日，第十五屆多哈亞運會武術散打比賽決出5枚金牌。中國隊參賽的4位選手，李騰56公斤級，馬超60公斤級，趙光勇65公斤級，徐延飛70公斤級全部獲勝奪冠。亞運會的武術比賽分設套路項目：男女子長拳全能（包括長拳、刀術和棍術）、太極拳全能（太極

拳和太極劍）、南拳全能（南拳、南刀、南棍），散打項目：48公斤級、52公斤級、56公斤級、60公斤級、65公斤級和70公斤級6個級別的比賽，中國隊參加了除48公斤級、52公斤級兩個級別以外的其他4個級別的散打比賽。

2007年11月11日，第九屆世界武術錦標賽，在北京國家奧林匹克體育中心體育館隆重開幕，來自世界各地89個國家和地區的1500名運動員、教練員、裁判員及官員參加了此次盛會。比賽是由國際武術聯合會主辦、中國武術協會承辦，比賽共設武術套路22個，散手18個級別的40個競賽項目。

中國隊共派出19名國內頂級武術高手，其中武術套路9人（男4名、女5名），武術散手10人（男6名、女4名），參加當今武術界最高級別的賽事。最終中國隊以18枚金牌數高居獎牌榜首位，再一次彰顯了武林霸主的地位。

2008年8月21至24日，經國際奧委會批准，由北京奧組委、國際武術聯合會主辦，中國武術協會承辦的「北京2008武術比賽」在北京奧林匹克體育中心體育館舉行。比賽共設15個項目，套路10枚金牌、散手5枚金牌，有來自世界五大洲43個國家和地區的128名男女運動員參加比賽。

中國武術男子套路運動員袁曉超、趙慶建、吳雅楠，女子套路運動員馬靈娟、林凡、崔文娟，男子散打運動員張帥可，女子散打運動員秦力子，分別參加了男子長拳、男子刀術棍術全能、男子太極拳太極劍全能、女子槍術劍術全能、女子南拳南刀全能、女子太極拳太極劍全能、男

子散手56公斤級、女子散手52公斤級8個項目的比賽。最終中國隊獲8金，以絕對優勢列金牌榜首位，俄羅斯和中國香港隊分別以2金3銀和2金1銀1銅分列第二、三位。

2009年10月24日至29日，在加拿大多倫多舉行第十屆世界武術錦標賽，中國武術隊10名散打選手參加了10個項目的比賽，共獲得了8枚金牌。在散打比賽中，女子52公斤級、56公斤級、60公斤級、70公斤級項目均獲金牌。男子52公斤級、56公斤級、60公斤級和90公斤級以上也分別奪冠。此次比賽，中國隊遭遇了多年來難得一見的挑戰，最大的壓力來自於伊朗、埃及和俄羅斯的選手，他們共斬獲了6枚金牌。

他們強勁的實力已經撼動了中國散打隊長期以來的霸主地位，究其原因，一是多年的苦修使他們在技術上日趨成熟，二是國外選手體能優勢明顯，更適合散打項目，三是中國頂級的散打教練援外傳藝，形成與中國選手的對抗是水到渠成的事情。正如中國領隊所言，中國散打選手日後會遭到國外選手更大的挑戰。

2010年8月29日，北京首屆世界武搏運動會武術散打比賽在奧體中心體育館落幕，此次散打比賽共設5個級別，中國運動員參加了其中4個級別的比賽，經過頑強的拼搏，鄂美蝶獲得了女子52公斤級金牌、王貴賢獲得了女子60公斤級金牌、李海明獲得了男子56公斤級金牌、許佳恒獲得了男子85公斤級金牌，圓滿完成了本次比賽任務，充分展示了中國運動員的精湛技藝和良好的精神風貌，再一次證明了中國散打隊雄厚的實力。

2010年11月13至17日，第十六屆廣州亞運會武術比

賽在南沙體育館進行，共產生了15枚金牌。中國隊派出10人參加10個項目的爭奪。其中，5人參加套路項目的比賽，5人參加散打項目的比賽，最終獲得9金1銅。

在參賽的32個國家和地區中，有17個斬獲亞運會武術獎牌。儘管中國武術的「江湖老大」地位仍未撼動，但可以看到，武術在亞洲各地都獲得了不俗的推廣和發展。特別是在男子75公斤級散打半決賽中，中國運動員姜春鵬輸給伊朗國手，最後的金牌旁落他人。這也是廣州亞運會上唯一的有中國武術選手參加卻未獲金牌的項目。雖然姜春鵬意外失手，但男子56公斤級的李新傑、65公斤級的張軍勇和70公斤級的張勇都將金牌收入囊中。本屆亞運會，還首次將女子散打作為正式比賽項目，中國女將鄂美蝶贏得了亞運歷史上首枚女子散打的金牌。

本屆亞運會，中國武協原本可以報名13個項目的爭奪，但為了鼓勵其他國家的運動員參賽，中國隊最終只參加了15個項目中的10個。放棄部分項目的爭奪，儘管會讓中國隊在金牌總數上有所缺失，但從武術項目長遠的發展來看，卻是非常值得的。與柔道、跆拳道等運動相比，武術在世界範圍的推廣和發揚還遠遠不夠。武術走向奧運，任重而道遠。

中國武術管理中心主任高小軍認為，武術的發展一定要建立在為人類提供健康、快樂生活方式的基礎上，要融入生活。因為武術不僅是一項運動，更要給人的精神、文化、修養等各方面帶來好處。因此，武術不能將進奧運會作為唯一的目標，只要透過大力的宣傳和推廣，當世界充分瞭解了武術的魅力和益處時，進奧運便是水到渠成的

事。

2010年12月18日，由國家體育總局武術運動管理中心和世界泰拳聯盟主辦，順德區文體旅遊局等單位承辦了2010年中國武術散打對職業泰拳爭霸賽，最終中方以3：2險勝泰方。

此次，比賽規則是雙方經過溝通後確定的，較以往更趨於公平合理，然而一場比賽，兩名中方選手被擊倒，中國隊總教練劉海科多少有點出乎預料，賽後，拋出了回去要好好研究泰拳戰術的感言！

2010年12月16日至18日，為期3天的第五屆武術散打世界盃比賽在中國重慶渝北區體育館落下帷幕。比賽由國際武術聯合會、國家體育總局武術運動管理中心和中國武術協會主辦，重慶體育局和重慶市渝北區人民政府共同承辦。來自中國、俄羅斯、伊朗、巴西、菲律賓、中國澳門等21個國家和地區的63名男女武林高手參加了角逐。本屆比賽共設女子7個級別和男子11個級別，中國隊10人出戰共有9人斬獲參賽項目的金牌，金牌總數位居金牌榜第一。中國隊總教練於萬嶺對中國選手的表現表示滿意，但也指出，國外選手水準上升很快，特別是伊朗、埃及、越南等國家的選手，已經對中國選手構成了威脅。世界盃武術散打比賽是世界範圍內水準最高、規格最高的武術散打單項世界盃賽。

目前，武術在國際上的發展勢頭喜人，國際武聯會員國已達到141個。

二、散打的特點與作用

1. 散打的特點

（1）崇尚武德

古語云「文以評心，武以觀德」，拳語云「未習藝，先修德」，這些都強調了習武之人要講究武德。那何為武德呢？簡單地講，武德就是習武之人應具備的道德。古代武德講究仁、義、禮、智、信、勇；而現代武德則講究樹立理想、為國爭光、遵紀守法、寬厚謙讓、誠實守信、見義勇為、遵師愛生、文明有禮等內容，散打隊員無論在日常生活還是訓練比賽中，都要體現出良好的武德風尚。從現行的散打規則看，有許多武德行為規範內容，如互行抱拳禮、遵守規則、尊重和服從裁判，不準攻擊後腦、襠部等，同時，提倡比賽鬥技，不可喪德、失志，不許暗算和故意傷害對手的武德精神。

（2）對抗激烈

散打比賽雙方隊員拳來腳往，遒勁有力，快速多變，摔跌交織，攻守互動，瞬間轉換，始終處在制約與反制約、限制與反限制的激烈對抗中。

（3）技法獨特

散打技法豐富，其中既有手法、腿法，又有摔法，並在實戰中講究「遠踢近打貼身摔」，特別是「貼身快摔」，堪稱是民族特色技藝。「接腿快摔」「破拳快摔」更是精妙絕倫，體現出技法整體的綜合性、多變的隨機性和實用的優越性。

（4）智勇雙鬥

智勇雙鬥既是散打的核心特點，又是參賽隊員必備的素質。正所謂「兩強相鬥，智者勝」。智者可達到智謀百生、逢強智取、遇弱活擒的境界，揚己之長，克彼之短，最終獲得勝利。散打隊員要具備勇者無敵、捨我其誰的大無畏精神，展現出永不言敗的武者風采。

（5）兼蓄文化

散打既是中華武術之精粹，又是傳統文化的載體之一。中國傳統文化中的哲學、醫學、美學、兵學、養生學、民俗學等眾多內容，都對武術散打產生了不同程度的影響，同時也起到了至關重要的作用。比如，散打比賽採用了中國傳統的擂臺方式進行比賽，三局兩勝制就是沿襲了中國古代民間打擂的風俗習慣；運用漢語作為裁判規則用語等。習武目的絕非是為了逞強鬥狠，而是追求「內外兼修，天人合一」。

2. 散打的作用

（1）強身健體

身體健康是人的基礎，沒有健康就無從談起學習、工作乃至事業。散打是一種全身上下、內外兼修的運動，透過科學地練習，可以增強人體各大系統組織功能，提高人體速度、力量、靈敏、耐力、柔韌等素質，同時練習者還能獲得健美的身材，給人以健康、強壯的美感。

（2）防身自衛

因散打具有的特質——技擊性，無論是攻擊能力還是防禦能力都是其他運動項目無法比擬的。當自身合法權益

及生命財產受到不法歹徒或犯罪分子侵害時，運用散打進行防身自衛，便會遊刃有餘，盡顯英雄本色。

（3）歷練品質

如練功要克服身體疼痛關，練實戰要克服心理恐懼、軟弱關，面對強手要克服畏懼、放棄關。透過學練散打，可以培養出果敢自信、敢於直面失敗與挫折，頑強拼搏、積極進取的優秀品質。

（4）娛樂生活

散打有很強的娛樂性，包括自娛和他娛。當自身投入了散打運動，做出各類極具美感的招式，或在擂臺戰勝對手時，其內心會充滿無限快意和興奮感。而散打比賽展示在大眾面前，也極大地豐富了人民群眾的生活。

（5）開啟智慧

散打蘊藏著精深的技理和絕妙的技法，其中包含著各門學科的知識，如訓練學、運動醫學、力學、心理學、營養學等。透過學練散打，可逐步領悟其中的含義，對開啟心智非常有益。

（6）求職就業

如今，散打發展異常火爆，國內外對散打人才的需求日益增多。透過練習散打而求職就業已成為當今的一大亮點，有的成為當紅的武打明星，有的進入了各個運動隊任專業隊員，還有許多學練者先後在各大武術館校及國外武術機構任教等，大大拓寬了就業管道。

（7）調整心態

身處當今社會，來自工作、生活、學習等方面的壓力很大，很多人都處於亞健康狀態，經常被憂愁、焦慮、苦

悶、悲傷等情緒所困擾。實踐證明，練習散打可以調節人們的不良心態，增加自信心，樹立良好的人生觀。

（8）增進友誼

散打源於中國，屬於世界。透過以武會友和比賽交流，可共同提高和發展散打運動，使更多的外國人瞭解中國散打，瞭解中國文化，以增進友誼，促進國際間的文化交流。

第二節　科學選材要旨

俗話說「科學的選材，是成功的一半」。科學選材是培養優秀散打選手的前提和基礎，透過選材，發掘那些先天運動能力高、後天可塑性強的運動員，使他們在訓練中能獲得事半功倍的效果，創造出優異的成績。

散打教練員只有掌握了科學選材的要旨，才能更好地完成教學工作。

散打隊員的科學選材，應注意從以下幾個方面進行：

1. 從身形體態上選材

多年的科研結果表明，選材時應選擇那些上下肢勻稱，胸圍、臀圍、腿圍大的，身體充實度高的，骨骼肌肉發達、體格粗壯、體脂適中、胸廓發達、骨盆較寬的運動員，選擇符合上述身形體態條件的隊員進行散打訓練較為合適。

2. 從身體素質上選材

身體素質是指人體在運動過程中所表現出的速度、力量、耐力等能力，是散打早期選材的重要參評指標。例如，測試速度可用30公尺往返跑、10秒鐘出拳或1分鐘打靶等方法進行；測試力量可透過測力儀進行測力比較，也可由握力器或縱跳摸高來測試運動員的臂力及下肢的爆發力；耐力測試可由2分鐘或3分鐘的空擊拳法或腿法來判定其優劣；在測試柔韌度時，通常用比較橫叉、豎叉、踢腿、下腰、過肩等方法來測試；靈敏測試方法多用移步轉身、地上翻滾等方法進行。

總體來說，要選擇那些起點水準高，身體發育程度小，發展潛力大的運動員來進行散打訓練。

3. 從技能上選材

技能是指運動員合理運用技戰術的能力。技術測評常透過觀察法和器械法來進行。如觀察隊員的技術動作演練或打手靶、踢腳靶、打沙包等，主要測評其技術的正確性和合理性。戰術測評多在中、高級技術水準之間進行，主要看其戰術的針對性、可變性和實效性。

4. 從心理狀態方面選材

心理狀態好壞是散打競技成敗的關鍵，所以要選擇有好強、獨立、積極主動、自信心強、情緒穩定、勇敢果斷等品質的運動員從事散打訓練。

心理素質在很大程度上受先天性因素影響，後天即使

能夠改善，也僅占很小的一部分，所以在選材時要特別留意選擇那些心理素質好的運動員。

5. 從智力水準上選材

智力水準直接關係到運動員學習、理解及應用運動技能的能力。科研表明，優秀散打運動員智力水準模式特徵是智商中上，他們善於理解和實現教練員的意圖，具備獨立分析對手特點、做出準確判斷的能力，所以選擇散打隊員要按這種模式來選材。

6. 從特質能力上選材

在選材時要特別注意選用一些利於訓練和競技的特質人才，如選用一些左撇子運動員，一些有散打遺傳因素的「好苗子」；選用一些指紋結構複雜、雙箕斗多者，或是機體血睾酮水準高的隊員，對這些類型的隊員進行散打訓練，往往能快出成績，出好成績。

第三節　局間教練員指導藝術

俗話說「臺上幾分鐘，台下數年功」。散打擂臺上的比賽，既是運動員技戰術、體能及智慧的比拼，同時也是場下教練員鬥智鬥勇、指導實力的較量，兩者只有相融共和，發揮水準，才能在比賽中占得主動，直至獲得勝利。

依據散打現行比賽規則，每場比賽為三局兩勝制，每局之間休息1分鐘，若出現平局打加時賽時，局間休息也

最多只有3次。所以，對場下教練員來說，利用局間休息指導隊員就顯得尤為短暫和寶貴。

教練員如何在有限的局間休息時間裏科學、合理、有效地指導隊員，是每位教練員應具備的必要素質，同是也是衡量教練員執教水準高低的一個重要標誌。正如「當局者迷，旁觀者清」，教練員靜觀比賽過程，要及時發現問題，然後進行針對性地指導。

教練員局間指導應注意以下要點：

（1）局間休息時間一到，要馬上讓隊員坐到休息席上，讓隊員的身體做最大限度的放鬆，讓其進行口鼻深呼吸，及時調整氣息，補充氧氣，並且對隊員的上肢、下肢、胸背、頸部等部位進行按摩，用礦泉水沖淋護齒，必要時還可補給少量的水等，以此來消除比賽帶來的疲勞，保存體力，以備下局比賽。

（2）局間指導要用肯定的語氣表揚隊員在場上的表現，要用寬慰、激勵和讚賞的語言來鼓舞隊員的鬥志，如「打得挺好」「水準發揮正常」「沒關係，捕捉下一局的時機」「相信自己的實力」等，切記不能斥責、謾罵甚至踢打隊員，否則會給隊員帶來巨大的心理壓力，而出現情緒低落、不知所措等異常反應。

（3）局間指導時，教練員要用簡明扼要的語言告訴隊員其自身的優點和不足所在，進而做到知己知彼，揚長避短，克勝對手。當隊員出現體力不支、呼吸不暢、過度緊張或受到重創時，教練要指導隊員可以透過原地抖拳、抖臂、連續下踏前腿、開口發聲換氣、面帶微笑、雙目狠瞪對手等不同方法將真實的情況掩飾起來，不要暴露給對

手，並告誡隊員要在氣勢上壓倒對手，使對手不敢乘勝追擊。

（4）當遇比賽雙方實力懸殊較大時，我方隊員與對方隊員的競技水準不在同一個檔次上，難以再承受對手強悍的攻擊，這時教練員要果斷、慎重地做出棄權的決定，避免隊員受到更大的創傷，影響以後的正常訓練和比賽。

（5）教練員要指導隊員充分利用散打競賽規則，當遇本方隊員在比賽中已經處於領先時，可通過控制距離和控制節奏來充延比賽時間，直至比賽結束。當比賽出現領先、落後或僵持等不同戰況時，教練員在局間指導時應告誡隊員要靈活應變，區別對待，如領先時，要保持冷靜，逐步再擴大戰果，不可大意怠戰；如僵持時，要有耐心尋找有力的突破口，力爭先得或多得分；落後時，更要有永不言敗的精神，不到比賽結束時絕不放棄、認輸，要努力拼搏，利用重擊或重傷對手來翻盤獲勝。

（6）面對不同的對手，技戰術也需要區別佈置與安排，如遇對手身高力大，應多打下盤進攻，或打對手技術沿線的技法；若對手不佔優勢，則採用重拳快腿的打法，使對手不能近身；面對善長拳法的對手要多用腿法或近身抱摔攻擊對手，以此來扼制對手拳攻之長處；面對善長腿攻的對手，則應運用貼身短擊重創對手或用抱腿摔技；若對手擅長摔法，教練員則應告誡隊員要用快速凌厲的拳法和腿法，令其無法施摔，同時也可用反摔技法；當遇對手鬥志力強、體力足時，則讓隊員多移動步法，來消磨對手的體力和意志力，然後再捕捉有利戰機，反擊對手；當遇對手實戰經驗豐富、心態較好時，則可讓隊員採用多變的

技戰術應對對手,力求穩中取勝;當遇對手技戰術及體能都不如隊員時,這時就要採用強攻猛打,在短時間內擊敗對手,取得勝利。

(7)隊員因拼打激烈或現場氣氛喧鬧,隊員一時聽不進或領會不了指導意圖,教練員應提高聲調或用礦泉水潑灑隊員的面部,使之清醒,使指導意圖得以實施。

總之,局間散打教練員的指導要遵循6字要訣,即「簡明、準確、有效」。

「簡明」:局間休息時間十分短暫,教練員指導的語言表述不能過於複雜,否則隊員聽不出問題的所在,抓不住問題的主次,無法執行教練的指導。

「準確」:只有準確,才能反映出指導的價值所在,不夾帶任何偏見和主觀因素,從而使隊員所採取的應對措施具有針對性。

「有效」:指導必須符合隊員現有的能力,若超出隊員所承載的能力,指導便會毫無意義,獲取勝利便成了「水中月,鏡中花」。

第四節 選手如何降低體重

散打是按體重分級別進行比賽的,運動員為了保持本級別的優勢和取得優異的成績,常常會涉及降低體重,但降低體重方法不當,不僅會降低其運動能力,而且還會損害身體健康,因此,運動員要科學合理地降低體重。

散打運動員降低體重的方式目前主要有兩種,即快速

降低體重和長期飲食控制降低體重。

　　科學合理降低體重的要求是減去的體重應當是多餘的體脂和適量的水分，要保留瘦體重，保持體力，保證營養和保證健康，降低的體重應當有一定的限度。然而有不少教練員和運動員在降低體重過程中，往往只注意降低體重的數量，而不注意減重時體脂成分和體液丟失的情況，這種做法是不科學的。

　　快速降低體重主要是透過發汗或利尿來減少身體內的水分，在比賽前1至6天達到減重的目的，其方法有蒸汽浴、桑拿浴、運動、發汗藥及利尿藥等，同時還配合限制飲食、飲水，一般快速降低體重為原體重的3％～20％。

　　長期控制飲食降低體重主要是靠長時間控制飲食，採用低熱量的膳食的方法來減重，使運動員的體重保持在一個恒定的標準。利尿法減重以往常用的雙氫克尿塞和氨苯喋啶藥，服用1～2小時後便會發生利尿作用，但此法易造成低血鉀症及低血鈉症，利尿藥已被列入興奮劑用藥之中，故應禁用。

　　無論是快速降低體重，還是長期飲食控制降低體重，若方法不當，都會出現有損運動員身體健康的症狀，如快速降低體重易出現脫水、口乾舌躁、眼窩塌陷、疲憊無力、情緒激動、耐力和運動能力下降，嚴重時發生抽搐等症狀，而長期控制飲食降低體重容易使運動員出現過度疲勞、運動性貧血、肌力和耐力下降以及精神性厭食症等。

　　散打運動員降低體重時要注意以下幾點：

　　（1）要注意平時控制體重，保持熱量平衡，保持體重在一個較為穩定的狀態，避免不當飲食使體重上升過快

過多，從而影響正常比賽。

（2）由於賽前控制體重，賽中體能的大量消耗，因此要在賽後補充營養素，以利消除疲勞和恢復體力，一般在賽後2～3天內，膳食應維持較高熱量，脂肪含量要低，多補充易吸收的糖、蛋白質，維生素B_1、維生素B_2、維生素C及水、礦物質。

（3）降低體重結束後，不可暴飲暴食，否則容易導致胃黏膜的損害，若有酗酒，還可引起急性胰腺炎，對運動員的身體健康極為不利。

（4）長期控制體重時用限制飲水量或增加出汗量是不科學的，因為這樣不能減去體內多餘的脂肪，而缺水會影響正常的生理機能，所以減重期間要攝入一定量的水，每天攝入水量應在2000～3000毫升（包含食物的水分）。

（5）長期控制飲食減體重速度不宜過快，一般每週不超過一公斤，每天攝入900千卡熱量為最低安全線，且蛋白質的供給量每天每公斤體重應為2克以上。

（6）散打運動員體脂百分比較為理想的是8％～12％，只有當體脂百分比超過此範圍時，才有必要和可能去適當控制飲食來減重（體脂可請隊醫測定）。

（7）用發汗法減體重時，要補充鹽分、蛋白質、礦物質及保證充足的睡眠，並注意防暑、保暖，過度疲勞狀態下勿用發汗法減體重，當隊員體脂在10％以下時，也不宜用發汗法減體重。

（8）若身體有嚴重饑餓感，特別是晚上，可臨時提供100千卡熱量的食物，晚上睡覺前可加補一些水果。

（9）青少年隊員要嚴禁降減體重，因為他們處在身

體發育敏感期，降減體重會破壞體內各種代謝功能的平衡，從而影響青少年的正常生長發育。

第五節　隊員不良心態的調整

不良心態是散打隊員在比賽中的大敵，它既不利於正常的技戰術水準的發揮，又會影響優異成績的取得，因此應引起廣大教練員和運動員的足夠重視。所以，在比賽時，要及時調整不良心態，以確保比賽隊員實際水準的正常發揮。

散打隊員的不良心態有以下幾種：

1. 膽怯恐懼

膽怯恐懼是散打比賽中最常見的不良心態之一。多發生在初次參加重大比賽的新手身上，或是遭受了對手的重創；也有的是因為對手名望太高，實力太強等，從而產生了膽怯恐懼心理，其主要表現為動作紊亂、反應遲鈍，在比賽中不能做出有效的進攻和防守動作，從而使自己處於被動挨打的局面。

調整方法：

（1）透過教練員對運動員的引導，告訴隊員，膽怯恐懼其實是人體的生理和心理自然應激的保護反應，存在於每個人的身上，只是程度輕重不同而已。

（2）講明散打比賽有嚴格的規則限定，有護具的保護及裁判的監督等各方面的保護措施，運動員參賽時盡可

放心，無需多慮。

（3）散打是一種較為激烈的對抗項目，參賽者要有敢打敢拼的特質，為此才能發揮正常水準，戰勝對手，正如拳語所講「兩軍對壘，勇者勝」。

2. 憤怒不滿

比賽中因對手使用違規動作進攻自己，如攻打禁區、使用限制技法，或因場裁判判罰不公出現錯判、漏判，如有效的摔倒判定無效，對手有意擊打後腦不予判罰等，於是就出現了憤怒不滿的情緒和心態，從而無心繼續比賽，甚至與裁判進行爭辯，或是用同樣的方法回敬對手，以致影響了正常水準的發揮。

調整方法：

（1）教練員要利用局間休息時間對隊員進行指導，及時提醒隊員不要意氣用事，不要計較一時的得失，要保持良好的比賽心態，拿出自身的實力去戰勝對手。

（2）當遭遇上述違規情況，教練員和隊員可透過申訴途徑進行解決，同時要相信仲裁委員會和眾多的觀眾，相信他們能夠判定場上的是與非、對與錯。

3. 過度興奮

散打比賽需要適度的興奮，但興奮過度就會影響正常的技戰術水準的發揮。有些隊員在離比賽開始還有很長的一段時間裏就提前做準備活動，結果使身體和心理興奮過早；還有些隊員過度期望比賽臨近，以至於寢食不安，過度興奮，造成了身體不必要的「內耗」，上場比賽時感到

軟弱無力，具體表現為思維能力降低、注意力不集中、情緒激動、動作變形等，使自己的正常競技水準不能得以發揮。

調整方法：

（1）教練員要耐心細緻地講授，讓參賽隊員懂得什麼時候該興奮，什麼時候該鎮定，要做到心中有數，有的放矢。參賽隊員在做準備活動時放慢節奏，減小強度，縮短時間，以降低興奮水準。

（2）避開比賽現場的刺激，到場外進行自我放鬆，如做呼吸功、抖擺功，也可做默念功，如「我要鎮定」「我的心態很好，我現在心態很穩定」等。

4. 盲目自信

隊員對比賽中所遇到的困難及對對手實力估計不足或估計過低，從而高估了自身的實際水準，自認為制勝對手輕而易舉，於是賽前不積極進行備戰，出現了輕敵思想，致使比賽時注意力不集中，當遇到意想不到的困難或挫折時，便會緊張急躁，不知所措，以至於無法應對眼前的不利局面。

調整方法：

（1）平時教練員就應要求隊員養成認真對待每一場比賽、每一個對手的好習慣。充分做好打硬仗、打加時賽的心理準備，在賽前要將比賽出現的困難設想得多一些，使隊員有一個良好的心態，做到「遇強不懼，遇弱不懈」。

（2）隊員在參賽前要正確客觀地評估自己的技術水

準、戰術素養、身體素質及心智膽力，不能盲目自大。正如兵法所言「驕兵必敗」。

5. 參賽冷淡

參賽冷淡是指隊員對於參加比賽表現出無精打采、興趣不高、情緒低落或缺少自信心，甚至無意參加比賽，其原因多是由於自身水準較低，無望摘金奪銀；或是以前的比賽留存的痛苦記憶，如被擊例過或受過重創；還有的是與教練員之間有矛盾等。

調整方法：

（1）教練員幫助隊員設定與其實際水準相適應的奮鬥目標，激發其參賽的積極性。

（2）教練員與隊員要加強溝通，消除不和諧的因素，如改善指導方法，少些批評指責，多些鼓勵引導等，最終實現「雙知共進」型的教學。

（3）回憶過去的實戰和比賽中發揮出色的場面、實景，增強隊員的自信心，鼓舞隊員的參賽鬥志。

6. 想贏怕輸

隊員在比賽前既對勝利期望過高，又懼怕戰勝不了對手的矛盾心理，以及不切合自身實際水準的高定位，或運動隊內有硬性奪冠指標等是造成此種不良心態的原因。通常表現為自信心不足、身體緊張、疑慮增多、過多注意比賽得分而不是盡心盡力發揮自身技戰術水準。

調整方法：

（1）不對運動員提出過高的要求，只需隊員在比賽

中發揮出自身的訓練水準即可。

（2）正確分析對手及自身的真實競技水準，要較為客觀地評定自已所能獲取的正常成績範圍值，降低對比賽結果的期望值。

7. 意志薄弱

有的運動員因缺乏奮鬥目標，胸無大志，認識水準低，因此在比賽中，表現出鬥志不強、軟弱無力，特別是與實力稍強的對手對抗時，更顯示出競爭意識差、軟弱無能的特點，造成這種現象的原因多與過去舒適的生活和家庭嬌慣、溺愛是分不開的。

調整方法：

（1）在日常訓練和生活中有意識地設置一些困難，來培養隊員堅忍不拔的意志品質。

（2）積極改善認識態度，找到意識障礙的根源和表現，進行專門的心理調整，使之明白「愛拼才會贏」的道理，改變已有的行為習慣，以堅定的意志投入到訓練和比賽中。

8. 注意力分散

散打比賽要求運動員全神貫注，一絲不苟專注技戰術的運用，而有的運動員因主、客因素不能把注意力集中在比賽上，即通常大家所說的「分心」，常表現出思維混亂、反應遲鈍、動作僵澀等，原因多是由於自身疲勞過度或外界的叫喊聲干擾和賽前胡思亂想等。

調整方法：

（1）應該在平時的訓練中培養隊員認認真真、專心致志的好習慣。

（2）透過模擬訓練來提高隊員抗外界干擾的能力。

（3）進行自我暗示，如「我現在不想與比賽無關的雜事」「我能專心進行比賽」等，以集中注意力，專心比賽。

9. 急躁情緒

急躁情緒多發生在運動員比分落後、急於追平趕上時，或原來計劃儘快結束比賽，贏得勝利，卻偏偏遇上了不好對付的選手，從而造成了攻防盲目性、動作變形、心急意亂、呼吸短促、心跳加快等現象。

調整方法：

（1）透過自我暗示如「我不能著急，應靜心捕抓戰機，制勝對手」。

（2）利用調整動作節奏及發力的強弱或攻防轉化等來緩解急躁心態。

10. 消極思維

思維對散打隊員有巨大的調節作用，積極思維能激發出良好的鬥志和果敢的精神；而消極的思維能使隊員喪失鬥志、畏首畏尾，從而限制了自身水平的正常發揮。消極思維起因較多，有的擔心競技表現好壞，有的過多考慮比賽勝負結果，有的過分自責和消極自我預言等。

調整方法：

（1）自我阻斷——在消極思維產生的瞬間，可以自

己拍拍頭以疾速阻斷不良思維。

（2）自我對話——「運動員總有自身的優點，同樣也有其缺點，儘管我有弱點，但我還是優點更多些」。

（3）自我暗示——賽前可用「我渾身是勁」「我能戰勝對手」「我的競技狀態很好」「我能有出色的表現」等進行暗示，以調節消極思維。

散打競賽規則

1 通 則

1‧1 競賽性質 競賽分團體比賽和個人比賽。上半年的比賽為團體賽,只記團體成績;下半年的比賽為個人賽,也叫冠軍賽,只記個人成績。

1‧2 競賽辦法

1‧2‧1 循環賽、淘汰賽。

1‧2‧2 每場比賽採用三局兩勝制,每局淨打2分鐘,局間休息1分鐘。

1‧3 資格審查

1‧3‧1 成年運動員的年齡限制在18～35周歲。青少年運動員年齡限制在15～18周歲。

1‧3‧2 運動員必須攜帶《運動員註冊證》。

1‧3‧3 運動員必須有參加比賽的人身保險證明。

1‧3‧4 運動員必須出示自報道之前20天內縣級以上醫院出具的包括腦電圖、心電圖、血壓、脈搏等指標在內的體格檢查證明。

1‧4 體重分級

48公斤級(≤48公斤)

52公斤級(>48公斤～≤52公斤)

56公斤級（＞52公斤～≤56公斤）

60公斤級（＞56公斤～≤60公斤）

65公斤級（＞60公斤～≤65公斤）

70公斤級（＞65公斤～≤70公斤）

75公斤級（＞70公斤～≤75公斤）

80公斤級（＞75公斤～≤80公斤）

85公斤級（＞80公斤～≤85公斤）

90公斤級（＞85公斤～≤90公斤）

90公斤以上級（＞90公斤）

1·5　稱量體重

1·5·1　稱量體重須在仲裁委員的監督下，由檢錄長負責、編排記錄員配合完成。

1·5·2　經資格審查合格後，方可參加稱量體重。稱量體重時必須攜帶《運動員註冊證》。

1·5·3　運動員必須按照大會規定的時間到指定地點稱量體重。稱量體重時裸體或只穿短褲（女運動員可穿貼身內衣）。

1·5·4　稱量體重先從體重輕的級別開始，每個級別在1小時內稱完。如體重不符，在規定的稱量時間內達不到報名級別時，則不準參加以後所有場次的比賽。

每天參賽的運動員統一稱量一次體重。

1·6　抽　籤

1·6·1　抽籤由編排記錄組負責，有仲裁委員會主任、總裁判長及參賽隊的教練或領隊參加。

1·6·2　抽籤在第一次稱量體重後進行。抽籤由小級別開始，如本級別只有一人，則不能參加比賽。

1·7　服裝護具　運動員必須穿、戴大會指定的拳套、護頭、護胸，必須穿、戴自備的護齒、護襠（護襠必須穿在短褲內）。比賽的護具分紅、黑兩種顏色。運動員必須穿指定的與比賽護具顏色相同的比賽服裝。

1·8　拳套的重量　65公斤級及以下級別的拳套為230克（女子和青少年運動員均使用該重量的拳套）；70公斤級及以上級別的拳套重量為280克。

1·9　競賽中的禮節

1·9·1　介紹運動員時，運動員向觀眾行抱拳禮。

1·9·2　每場比賽開始前，運動員相互行抱拳禮。

1·9·3　宣佈結果時，運動員交換站位，宣佈結果後，運動員先相互行抱拳禮，再向臺上裁判員行抱拳禮，裁判員回禮；然後向對方教練員行抱拳禮，教練員回禮。

1·9·4　邊裁判員換人時，互相行抱拳禮。

1·10　棄　權

1·10·1　比賽期間，運動員因受傷或體重不符不能參加比賽時，作棄權論，不再參加以後的比賽，但已進入名次的成績有效。

1·10·2　比賽進行時，運動員實力懸殊，為保護本方運動員的安全，教練員可舉棄權牌表示棄權，運動員也可舉手要求棄權。

1·10·3　不能按時參加稱量體重；賽前3次點名未到或點名後擅自離開，不能按時上場者，作無故棄權論。

1·10·4　比賽期間，運動員無故棄權，取消本人全部成績。

1·11　競賽中的有關規定

1·11·1　臨場執行裁判人員應集中精力，不得與其他人員交談，未經裁判長許可不得離開席位。

1·11·2　運動隊必須遵守規則，尊重和服從裁判。在場上不準有吵鬧、謾罵、甩護具等任何表示不滿的行為。

1·11·3　比賽時，教練員和本隊醫生坐在指定位置。局間休息時，允許給運動員按摩和指導。

1·11·4　運動員嚴禁使用興奮劑，局間休息時不能輸氧。

2　比賽規則

2·1　禁擊部位　後腦、頸部、襠部。

2·2　得分部位　頭部、軀幹、大腿。

2·3　禁用方法

2·3·1　用頭、肘、膝和反關節的動作進攻對方；

2·3·2　用迫使對方頭部先著地的摔法或有意砸壓對方；

2·3·3　用任何方法攻擊主動倒地方或被動倒地方的頭部。

2·4　得分標準

2·4·1　得2分

2·4·1·1　一方下臺，另一方得2分；

2·4·1·2　一方倒地（兩腳以外任何部位支撐臺面），站立者得2分；

2·4·1·3　用腿法擊中對方頭部、軀幹得2分；

2·4·1·4　用主動倒地的動作致使對方倒地，而自己順勢站立者，得2分；

2·4·1·5　被強制讀秒1次，對方得2分；

2·4·1·6 受警告1次，對方得2分。

2·4·2 得1分

2·4·2·1 用手法擊中對方頭部、軀幹部位得1分；

2·4·2·2 用腿法擊中對方大腿得1分；

2·4·2·3 先後倒地，後倒地者得1分；

2·4·2·4 用主動倒地的動作致使對方倒地，而自己不能順勢站立者，得1分；

2·4·2·5 運動員被指定進攻後8秒內仍不進攻，對方得1分；

2·4·2·6 主動倒地超過3秒不起立，對方得1分；

2·4·2·7 受勸告1次，對方得1分。

2·4·3 不得分

2·4·3·1 方法不清楚，效果不明顯，不得分；

2·4·3·2 雙方下臺或同時倒地，不得分；

2·4·3·3 用方法主動倒地，對方不得分；

2·4·3·4 抱纏時擊中對方，不得分。

2·5 犯規與罰則

2·5·1 犯 規

2·5·1·1 技術犯規 ①消極摟抱對方；②處於不利狀況時舉手要求暫停；③有意拖延比賽時間；④比賽中對裁判員有不禮貌的行為或不服從裁判；⑤上場不戴或有意吐落護齒、鬆脫護具；⑥運動員不遵守禮節。

2·5·1·2 侵人犯規 ①在口令「開始」前或喊「停」後進攻對方；②擊中對方禁擊部位；③以禁用的方法擊中對方。

2·5·2 罰 則

2‧5‧2‧1　每出現1次技術犯規，勸告1次。

2‧5‧2‧2　每出現1次侵人犯規，警告1次。

2‧5‧2‧3　侵人犯規達3次，取消該場比賽資格。

2‧5‧2‧4　運動員故意傷人，取消比賽資格，所有成績無效。

2‧5‧2‧5　運動員使用違禁藥物，或局間休息時輸氧，取消比賽資格，所有成績無效。

2‧6　暫停比賽

2‧6‧1　運動員倒地（主動倒地除外）或下臺時；

2‧6‧2　運動員犯規受罰時；

2‧6‧3　運動員受傷時；

2‧6‧4　運動員相互抱纏時，沒有進攻動作或無效進攻超過2秒時；

2‧6‧5　運動員主動倒地超過3秒時；

2‧6‧6　運動員舉手要求暫停時；

2‧6‧7　裁判長糾正錯誤、漏判時；

2‧6‧8　處理場上問題或發現險情時；

2‧6‧9　因燈光、場地等客觀原因影響比賽時；

2‧6‧10　被指定進攻超過8秒仍不進攻時。

2‧7　勝負評定

2‧7‧1　優勢勝利

2‧7‧1‧1　在比賽中，雙方實力懸殊，臺上裁判員徵得裁判長的同意，判技術強者為該場勝方；

2‧7‧1‧2　被重擊（侵人犯規除外）倒地不起達10秒，或雖能站立但知覺失常，判對方為該場勝方；

2‧7‧1‧3　一場比賽中，被重擊強制讀秒（侵人犯規

除外）達3次，判對方為該場勝方。

2·7·2　每局勝負評定

2·7·2·1　在每局比賽結束時，依據邊裁判員的評判結果，判定每局勝負。

2·7·2·2　一局比賽中，一方受重擊被強制讀秒（侵人犯規除外）2次，另一方為該局勝方。

2·7·2·3　一局比賽，一方2次下臺，另一方為該局勝方。

2·7·2·4　一局比賽中，雙方出現平局，按下列順序判定勝負：①本局受警告少者為勝方；②本局受勸告少者為勝方；③體重輕者為勝方（以當天體重為準）。

上述3種仍相同，則為平局。

2·7·3　每場勝負評定

2·7·3·1　一場比賽，先勝兩局者為該場勝方。

2·7·3·2　比賽中，運動員出現傷病，經醫生診斷不能繼續比賽者，判對方為該場勝方。

2·7·3·3　比賽中因一方犯規，另一方詐傷，經醫務監督確診後，判犯規一方為該場勝方。

2·7·3·4　因對方犯規而受傷，透過醫務監督檢查確認不能再比賽者，為該場勝方。但不得參加以後的比賽。

2·7·3·5　循環賽時，一場比賽中，如獲勝局數相同時，則為平局。

2·7·3·6　淘汰賽時，一場比賽中，如獲勝局數相同，按下列順序決定勝負：①受警告少者為勝方；②受勸告少者為勝方；③體重輕者為勝方。上述3種情況仍相同，則加賽一局，以此類推。

2·8　名次評定

2·8·1　個人名次

2·8·1·1　淘汰賽時，直接產生名次。

2·8·1·2　循環賽時，積分多者名次列前，若兩人或兩人以上積分相同時，按下列順序排列名次：①負局數少者列前；②受警告少者列前；③受勸告少者列前；④體重輕者列前（以抽籤體重為準）。上述4種情況仍相同時，名次並列。

2·8·2　團體名次

2·8·2·1　名次分　①各級別錄取前8名時，分別按9、7、6、5、4、3、2、1的得分計算；②各級別錄取前6名時，分別按7、5、4、3、2、1的得分計算。

2·8·2·2　積分相等時的處理方法　兩個或兩個以上的團體分數相等時，按下列順序排列名次：①按個人獲第1名多的隊名次列前，如果再相等時，按個人獲第2名多的隊名次列前，以此類推；②受警告少的隊名次列前；③受勸告少的隊名次列前。如以上幾種情況仍相等時，名次並列。

2·9　編排與記錄

2·9·1　編　排

2·9·1·1　編排原則　①以競賽規程、報名表和大會的總時間為依據；②同一級別、同一輪次的比賽應相對集中安排，條件要均等；③一名運動員一天最多安排2場比賽（不在同一單元）；④同一單元的比賽由體重輕的級別開始。

2·9·1·2　種子設定　①上一次全國錦標賽或冠軍賽

取得前4名的運動員確定為種子選手，根據成績排出種子的順序；②變動級別的運動員不能定為種子選手；③種子選手不再抽籤，編排時根據種子的順序號在輪次表中找到相應號碼的位置，即種子的位置。

2·9·2　記　錄

2·9·2·1　邊裁判員根據得分標準和臺上裁判員的裁決，記錄運動員的得分及犯規情況，每局比賽結束後將運動員的得分填入記分表中。

2·9·2·2　記錄員將勸告、警告、取消比賽資格、強制讀秒分別進行記錄。

2·9·2·3　循環賽制時，編排記錄組根據每場比賽的結果在記分表中為勝方計2分，負方計0分，平局時各計1分。因對方棄權獲勝時，計2分，棄權者為0分。

3　場地與器材

3·1　比賽場地　比賽場地為高80公分，長800公分，寬800公分的擂臺，臺面上鋪有軟墊；軟墊上鋪蓋單，台中心畫有直徑120公分的中國武術協會的會徽。臺面邊緣有5公分寬的紅色邊線，臺面四邊向90公分處畫有10公分寬的黃色警戒線。台下四周鋪有高30公分、寬20公分的保護軟墊。

3·2　器　材

3·2·1　色別牌　是邊裁判員判定運動員比賽勝負所出示的標誌。圓牌直徑20公分，木把長20公分，共計18塊，其中紅色、黑色、紅黑各半色牌各6塊。

3·2·2　勸告牌　長15公分、寬5公分黃色板12塊，板上寫「勸告」字樣。

3‧2‧3　警告牌　長15公分、寬5公分的紅色板6塊，板上寫「警告」字樣。

3‧2‧4　強制讀秒牌　長15公分、寬5公分的藍色板6塊，板上寫「強讀」字樣。

3‧2‧5　放牌架　長60公分、高15公分，紅色和黑色各1個。

3‧2‧6　棄權牌　圓牌直徑40公分，木把長40公分，黃色，2個。在圓牌正反面分別用紅色、黑色寫「棄權」字樣。

3‧2‧7　秒錶　2塊（1塊備用）。

3‧2‧8　哨子　2個（單、雙音各1個）。

3‧2‧9　擴音喇叭　3個

3‧2‧10　銅鑼、銅錘、鑼架　各1副

3‧2‧11　計數器　15～20塊

3‧2‧12　攝影機　2台

3‧2‧13　公制計量器　2台

3‧2‧14　電腦顯示器　3～4個

3‧2‧15　鍵盤　8個

3‧2‧16　色別顯示器　5個

附上擂臺平面示意圖及表一～表七。

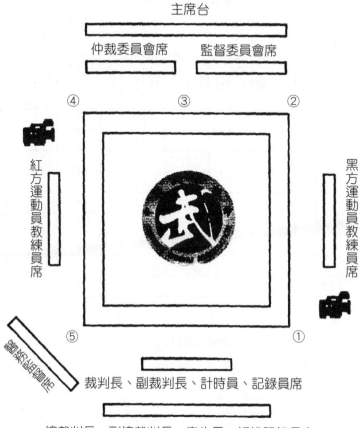

主席台

仲裁委員會席　　監督委員會席

④　　　　③　　　　②

紅方運動員教練員席

黑方運動員教練員席

編排記錄席

⑤　　　　　　　　①

裁判長、副裁判長、計時員、記錄員席

總裁判長、副總裁判長、宣告員、編排記錄長席

註：①②③④⑤為邊裁判員席

　　圖標 為仲裁判攝影席

擂台平面示意圖

比賽報名表（表一）

隊名：　　　　領隊：　　　　教練：　　　　醫生：

序號	姓名	性別	出生年月	體重	48公斤	52公斤	56公斤	60公斤	65公斤	70公斤	75公斤	80公斤	85公斤	90公斤	90公斤以上	備註

醫院章：　　　　單位章：　　　　　　年　　月　　日

散打競賽的日程表（表二）

時　間			級　別	輪　次	場　數	備　註
日	上午		公斤級		（　　）	
			公斤級		（　　）	
			公斤級		（　　）	
	晚上		公斤級		（　　）	
			公斤級		（　　）	
			公斤級		（　　）	
日	上午		公斤級			
			公斤級			
			公斤級			
	晚上		公斤級			
			公斤級			
			公斤級			

單循環賽（3人）（表三）

第一輪	第二輪	第三輪
1－0	1－3	1－2
2－3	0－2	3－0

人為為 n，輪數＝$n-1$

$$場數 = \frac{n(n-1)}{2}$$

n為偶數時，輪數＝$n-1$

n為奇數時，輪數＝n

單敗淘汰賽輪次表(8人)（表四）

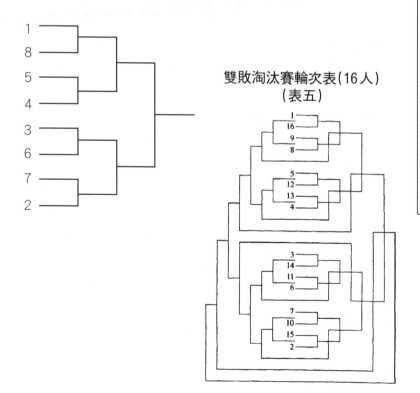

雙敗淘汰賽輪次表(16人)（表五）

283

記錄表（表六）

級別_____ 紅方_____ 體重_____ 黑方_____ 黑方_____

姓名 局數 \ 判罰	警告	強制讀秒	下台	邊裁(1)	邊裁(2)	邊裁(3)	邊裁(4)	邊裁(5)	每局勝負	備註
第一局										
第二局										
第三局										
結果										

裁判長_____ 記錄_____ ___年___月___日 第___場

邊裁判員記分表（表七）

級別_____ 第____號裁判

色別	姓名	隊名	第一局	第二局	第三局
紅方					
黑方					
備　　註					

簽名_____ 比賽時間 ___年___月___日 第___場

4　裁判員的口令與手勢

4·1　臺上裁判員口令與手勢

4·1·1　抱拳禮　兩腿併立，曲臂前伸，左掌、右拳於胸前相抱，高與胸齊，手與胸之間距離為20～30公分（圖1、2）。

4·1·2　上臺　站立在擂臺中央成側平舉，掌心朝上指向雙方運動員（圖3）。在發出指令的同時，屈臂側舉成90度角，掌心相對（圖4）。

圖1　　　　　　　　　　　　圖2

圖3　　　　　　　　　　　　圖4

<table>
<tr><td>圖5</td><td>圖6</td><td>圖7</td><td>圖8</td></tr>
</table>

4·1·3　雙方運動員行禮　雙臂屈於體前，左掌蓋於右拳背之上，示意運動員行禮（圖5）。

4·1·4　第一局　面向裁判長席，一手食指豎起，其餘四指彎曲，直臂前舉，成弓步（圖6）。

4·1·5　第二局　面向裁判長席，一手食指、中指伸直分開豎起，其餘三指彎曲直舉，成弓步（圖7）。

4·1·6　第三局　面向裁判長席，一手拇指、食指、中指分開豎起，其餘兩指彎曲，直臂前舉，成弓步（圖8）。

4·1·7　「預備——開始」　立於雙方運動員中間成弓步，在發出「預備」口令的同時，兩臂伸直，仰掌指向雙方運動員（圖9）。在發出「開始」口令的同時，兩手俯掌內合於腹前（圖10）。

4·1·8　「停」　在發出「停」的口令同時成弓步，單臂成掌伸向雙方運動員中間（圖11、12）。

4·1·9　消極8秒　兩臂前上舉，一手小指和無名指彎

圖9　　　　　圖10　　　圖11

圖12　　　　　圖13

曲，其餘手指自然分開、伸直（圖13）。

　　4·1·10　讀秒　面對運動員，屈臂握拳於體前，拳心向前，從一手拇指至小指依次張開，間隔1秒（圖14、15）。

　　4·1·11　消極摟抱　雙手環抱於體前（圖16）。

圖14　　　　　圖15　　　　　圖16

4·1·12　強制讀8秒　單臂指向裁判台，拇指豎直，其餘四指彎曲（圖17）。

4·1·13　3秒　一臂直仰掌斜上舉指向某個運動員，另一手拇指、食指、中指自然分開，其餘兩指彎曲，掌心向下，自腹前向外橫擺於體側（圖18）。

4·1·14　指定進攻　單臂伸向雙方運動員中間，拇指伸直，其餘四指彎曲，手心朝下，在發出「某方進攻」口令的同時，向拇指方向橫擺（圖19）。

圖17

4·1·15　倒地　一臂伸直指向倒地一方，手心朝上，另一臂屈於體側，掌心朝下（圖20）。

4·1·16　倒地在先　一臂指向先倒地一方，在發出「某方倒地在先」的口令同時，兩臂在體前交叉，掌心朝

圖18 圖19 圖20

圖21 圖22 圖23

下（圖21、22）。

　　4・1・17　同時倒地　兩臂體前平伸，後拉下按，掌心朝下（圖23）。

　　4・1・18　一方下臺　一臂前平舉指向下臺一方（圖

圖24　　　　　圖25　　　　　圖26

24），另一手立掌，手心朝前，向前平
推成弓步（圖25）。

　4·1·19　雙方下臺　弓步，雙手立
掌，手心朝前，向前平推（圖26）。而
後屈臂上舉於體前成90度角，掌心朝
後，成併步直立（圖27）。

　4·1·20　踢襠　一臂伸直指向犯規
運動員，手心朝上，另一手掌心向內，
擺至襠前（圖28）。

　4·1·21　擊後腦　一臂伸直指向犯
規運動員，另一手俯按於後腦（圖29）。

圖27

　4·1·22　肘犯規　雙臂屈於胸前，一手俯蓋於另一肘
部（圖30）。

　4·1·23　膝犯規　提膝，用手拍蓋膝部（圖31）。

　4·1·24　警告　一臂伸直指向犯規運動員，掌心朝

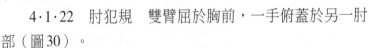

圖28　　　　　　　圖29　　　　　　　圖30

圖31　　　　　　圖32　　　　　　圖33

上，另一手示出犯規現象後，屈臂成90度角握拳上舉於體前，拳心朝後（圖32）。

　　4‧1‧25　勸告　一臂伸直，掌心朝上指向犯規運動員，在發出「犯規」口令的同時，屈臂成90度角立掌上舉於體前，掌心向後（圖33）。

圖34　　　　　　　圖35　　　　　　　　圖36

4·1·26　取消比賽資格　兩手握拳，兩前臂交叉於胸前（圖34）。

4·1·27　無效　兩臂伸直，在腹前交叉擺動（圖35、36）。

4·1·28　急救　面對大會醫務席，兩手立掌，兩前臂在胸前成十字交叉（圖37）。

4·1·29　休息　仰掌側平舉，指向雙方運動員休息處（圖38）。

4·1·30　平局　平行站於兩名運動員中間，握兩側運動員手腕上舉。

4·1·31　獲勝　平行站於兩名運動員中間，一手握獲勝運動員手腕上舉（圖39）。

4·1·32　交換站位　站立在擂臺中央，雙臂伸直在腹前交叉（圖40）。

4·2　邊裁判員手勢

圖37　　　　　　　　　　圖38

圖39　　　　　　　　　　圖40

4.2.1　下臺或倒地　一手食指伸直向下，其餘四指彎曲（圖41）。

4.2.2　沒下臺或沒倒地　一手立掌，左、右擺動1次

293

圖41

圖42

圖43

圖44

（圖42、43）。

　　4·2·3　沒看清　雙手仰掌，由體前向外屈肘平擺
（圖44）。

5 裁判人員及其規則

5·1 裁判人員的組成

5·1·1 總裁判長1人，副總裁判長1～2人。

5·1·2 裁判長、副裁判長、臺上裁判員、記錄員、計時員各1人，邊裁判員3人或5人。

5·1·3 編排記錄長1人。

5·1·4 檢錄長1人。

5·2 輔助裁判人員的組成

5·2·1 編排記錄員2～4人。

5·2·2 檢錄員4～6。

5·2·3 醫務人員2～3人。

5·2·4 宣告人員1～2人。

5·3 裁判人員的職責

5·3·1 總裁判長

5·3·1·1 負責組織裁判人員學習競賽規程和規則，研究裁判方法。

5·3·1·2 檢查落實場地、器材、裁判用具及稱量體重、抽籤、編排等有關競賽的準備工作。

5·3·1·3 根據競賽規程、規則的精神，解決競賽中的有關問題，但不能修改競賽規程和規則。

5·3·1·4 比賽中指導各裁判組的工作。根據需要可以調動裁判人員。

5·3·1·5 每場比賽，運動員因棄權變動秩序，應及時通知裁判長、編排記錄長和宣告員。

5·3·1·6 裁判組出現有爭議的問題，有權作出最後決定。

5‧3‧1‧7　負責檢查裁判人員執行紀律的情況。

5‧3‧1‧8　審核和宣佈比賽成績。

5‧3‧1‧9　向大會遞交書面總結。

5‧3‧2　副總裁判長　副總裁判長協助總裁判長工作，總裁判長缺席時，可代行總裁判長的職責。

5‧3‧3　裁判長

5‧3‧3‧1　負責本組裁判員學習和工作安排。

5‧3‧3‧2　比賽中監督、指導裁判員、計時員、記錄員的工作。

5‧3‧3‧3　臺上裁判員有明顯錯判、漏判時，鳴哨提示改正。

5‧3‧3‧4　邊裁判員出現明顯錯判，在宣佈結果前徵得總裁判長同意後可改判。

5‧3‧3‧5　每局比賽結束後宣告評判結果，決定勝負。

5‧3‧3‧6　根據場上運動員的情況和記錄員的記錄，處理優勢勝利、下臺、處罰、強制讀秒等有關規定事宜。

5‧3‧3‧7　每場比賽結束時審核、簽署比賽成績。

5‧3‧4　副裁判長　副裁判長協助裁判長的工作，根據需要可以兼任其他裁判員的工作。

5‧3‧5　臺上裁判員

5‧3‧5‧1　嚴格執行規則，公正裁判。

5‧3‧5‧2　檢查場上運動員的護具，保證安全比賽。

5‧3‧5‧3　用口令和手勢指揮運動員進行比賽。

5‧3‧5‧4　判定運動員倒地、下臺、犯規、消極、強制讀秒、臨場治療等有關事宜。

5‧3‧5‧5　宣佈每場比賽結果。

5‧3‧6　邊裁判員

5‧3‧6‧1　根據規則記錄運動員的得分。

5‧3‧6‧2　每局結束後根據裁判長信號，同時迅速顯示評判結果。

5‧3‧6‧3　每場比賽結束後在記分表上簽名並保存，以備檢查核實。

5‧3‧7　記錄員

5‧3‧7‧1　賽前認真填寫每對運動員的記錄表。

5‧3‧7‧2　參加稱量體重並將每名運動員的體重填入每場比賽的統計表。

5‧3‧7‧3　根據臺上裁判員的口令和手勢，記錄運動員下臺、警告、勸告、強制讀秒的次數。

5‧3‧7‧4　記錄邊裁判員每局的評判結果，確定勝負後報告裁判長。

5‧3‧8　計時員

5‧3‧8‧1　賽前檢查銅鑼、計時鐘，核準秒錶。

5‧3‧8‧2　負責比賽、暫停、局間休息的計時。

5‧3‧8‧3　每局賽前10秒鳴哨通告。

5‧3‧8‧4　每局比賽結束時鳴鑼通告。

5‧3‧9　編排記錄長

5‧3‧9‧1　負責運動員資格審查，審核報名單。

5‧3‧9‧2　負責組織抽籤，編排每場秩序表。

5‧3‧9‧3　準備競賽中所需要的表格，審查核實成績、錄取名次。

5‧3‧9‧4　登記和公佈各場比賽成績。

5‧3‧9‧5　統計和收集有關材料，彙編成績冊。

5·3·10　編排記錄員　根據編排長分配的任務進行工作。

5·3·11　檢錄長

5·3·11·1　負責稱量運動員體重。

5·3·11·2　負責護具的準備和賽中管理。

5·3·11·3　賽前20分鐘負責召集運動員點名。

5·3·11·4　點名時如出現運動員不到或棄權等問題，及時報告總裁判長。

5·3·11·5　按照規則的要求檢查運動員的服裝和護具。

5·3·12　檢錄員　根據檢錄長分配的任務進行工作。

5·3·13　宣告員

5·3·13·1　摘要介紹競賽規程、規則和有關的宣傳材料。

5·3·13·2　介紹裁判員、場上運動員。

5·3·13·3　宣告評判結果。

5·3·14　醫務人員

5·3·14·1　審核運動員《體格檢查表》。

5·3·14·2　配合興奮劑檢測人員檢查運動員是否使用違禁藥物。

5·3·14·3　負責賽前對運動員進行體檢抽查。

5·3·14·4　負責臨場傷病的治療與處理。

5·3·14·5　負責因犯規造成運動員受傷情況的鑒定。

5·3·14·6　負責競賽中的醫務監督，對因傷病不宜參加比賽者，應及時向總裁判長提出其停賽建議。

6　仲裁委員會及其規則

6·1　仲裁委員的組成　由主任、副主任、委員3人或

5人組成。

6·2　仲裁委員會的職責

6·2·1　仲裁委員會在大會組委會的領導下進行工作。主要受理參加比賽的運動隊對裁判人員有關違反競賽規程、規則的判決結果有不同意見的申訴。

6·2·2　受理參賽隊對裁判執行競賽規程、規則的判決結果有異議的申訴，但只限於對本隊裁決的申訴。

6·2·3　接到申訴後，應立即進行處理，不得耽誤其他場次的比賽、名次的評定及發獎。

6·2·4　根據申訴材料提出的情況，必要時可以復審，進行調查，召開仲裁委員會討論研究。開會時可以吸收有關人員列席參加，但無表決權。仲裁委員會出席人數必須超過半數以上作出的決定方為有效。表決結果相等時，仲裁委員會主任有仲裁權。

6·2·5　仲裁委員會成員不參加與本人所在單位有牽連問題的討論。

6·2·6　對申訴材料提出的問題，經過嚴格認真復審，確認原判無誤，則維持原判；如確認原判有明顯錯誤，仲裁委員會提請中國武術協會對錯誤的裁判員按有關的規定處理。仲裁委員會的裁決為最終裁決。

6·3　申訴程序及要求

6·3·1　運動隊如果對裁判人員的判決結果有異議，必須在該運動員比賽結束後15分鐘內，由本隊領隊或教練向仲裁委員會提出書面申訴，同時交付1 000元的申訴費。如果申訴正確，退回申訴費；申訴不正確的，則維持原判，申訴費不退，作為優秀裁判員的獎勵基金。

6‧3‧2　各隊必須服從仲裁委員會的最終裁決。如果無理糾纏，根據情節輕重，可以建議競賽監督委員會、大會組織委員會給予嚴肅處理。

7　競賽監督委員會及其職責

7‧1　競賽監督委員會的組成　由主任、副主任、委員3人或5人組成。

7‧2　競賽監督委員會的職責

7‧2‧1　監督仲裁委員會的工作。對於不能正確履行仲裁委員會職責，裁決運動隊的申訴不公，有違反《仲裁委員會條例》的人員，視情節輕重，給予批評、教育、撤換乃至停止工作的處分。

7‧2‧2　監督裁判人員的工作。對於不能正確履行自己的職責，不能嚴肅、認真、公正、準確地進行裁判，有明顯違反規程、規則的行為者；有明顯錯判、漏判、反判的行為者；接受運動隊的賄賂，以不正當的手段偏袒運動員者，視情節輕重，給予批評、教育、撤換、停止工作，乃至建議對其實施降級或撤銷其裁判等級的處分。

7‧2‧3　監督參賽單位各領隊、教練、運動員的行為。對於不遵守《賽區工作條例》、《運動員守則》，不遵守競賽規程、規則及賽場紀律，對裁判人員行賄，運動員之間搞交易、打假賽等有關違紀人員，視情節輕重給予批評、教育、通報、取消比賽成績、取消比賽資格等處分。

7‧2‧4　競賽監督委員會聽取領隊、教練、運動員、仲裁人員、裁判人員對競賽過程中的各種反映及意見，保證競賽公正、準確、圓滿、順利地進行。

7‧2‧5　競賽監督委員會不直接參與仲裁委員會、裁

判人員職責範圍內的工作，不干涉仲裁委員會、裁判人員正確履行自己的職責，不介入裁判結果的糾紛，不改判裁判人員、仲裁委員會判決的結果。

另將2011年武術散打競賽規則最新修改條款補充如下：

（1）稱量體重分兩次進行，第一次在抽籤前進行，第二次在進入前八名後進行。

（2）取消了在比賽中運動員「先後倒地，後倒地者得1分」的規定。

（3）將原裁判法中「使用同一個動作產生分值不同的效果，則以上限取值」改變為「依據不同的動作產生不同的分值，按各自不同的分值累計相加得分」。

（4）關於對消極摟抱的界定及嚴格執法的問題。

（5）一局比賽中，雙方運動員得分相同時，判主動進攻技術強者為勝方。

（6）在新的《武術散打競賽規則》中增加了可用方法條款，使用武術的各種拳法、腿法和摔法。

（7）關於背向逃跑的概念。

（8）運動員被指定進攻後達5秒鐘仍不進攻時，另一方得1分。

（9）每局比賽開始前，運動員上臺後先向本方教練員行抱拳禮，教練員還禮；運動員之間再相互行抱拳禮。

散打裁判法

散打裁判法是指裁判員如何根據競賽規則進行臨場裁判的方法。

1　比賽時間規定

每局淨打2分鐘。指運動員除暫停之外的實際比賽時間。具體操作時，計時員只要聽到臺上裁判員喊「開始」的口令就立即開啟計時表；喊「停」的口令就立即停錶。當開表時間累計達2分鐘時，計時員必須準時鳴鑼通告，表示此局比賽結束。

2　局間休息規定

指每局之間的間歇時間。上一局比賽一結束，計時員立即開始記局間休息時間。臺上裁判員在50秒時上臺通知運動員上場準備比賽，局間休息達1分鐘時，臺上裁判員必須發出比賽「開始」的口令。

3　報名級別規定

指運動員在稱量體重時超出或不及所報級別規定的區間範圍。例如，75公斤級的區間範圍是70公斤以上至75公斤，所報該級別運動員的體重必須在這個區間範圍之內，否則不準參加比賽。

4 無故棄權的規定

指未能按規定時間準時參加比賽或不準時參加點名及點名後不上場比賽，以及需稱量體重時不參加稱體重等，均被視為無故棄權。無故棄權則取消本人已取得的全部成績。

5 禁擊部位的規定

指運動員在比賽中不能擊打的部位。包括後腦、頸部和襠部。後腦是指頭部耳郭垂線以後的部位；頸部是指人體第一頸椎以下、鎖骨以上的部位；襠部是指人體的陰部。當臺上裁判員一時難以作出是否有犯規行為時，應在「喊」停之後及時徵求裁判長或就近邊裁判員的意見，以確定是否擊中禁擊部位，而不能以被擊運動員的表情來干擾判罰。

6 得分部位的規定

指運動員擊中後要根據相應的評分標準給予記分的部位。頭部，是指除了後腦以外的面部和頭兩側的部位；軀幹，是指胸、腹、背、腰等部位；大腿，是指髖關節以下，膝關節以上，包括臀部在內的部位。需要指出的是，人的肩部、上肢、小腿、腳跟、腳掌與腳背，既不是禁擊部位，也不是得分部位，擊中後既不判犯規，也不判得分；擊中肩部與胸、背的連接部位不得分，擊中大腿與小腿的連接部位也不得分，但擊中腰部與臀部的連接部位得1分。

7 用頭、肘、膝進攻對方的判罰

指用以上部位主動攻擊對方，屬於犯規行為。只要擊中，就要根據《規則》給予「侵人犯規」的判罰。

但有兩條可以例外。因對方進攻而出現低頭、抬肘、提膝等防守動作時，觸及了對方的身體，但沒有明顯的發力，而且沒有產生實際效果的；在互相摟摔過程中，頭、肘、膝觸及對方身體而沒有明顯發力的，都不屬於犯規。

8 用迫使對方反關節的動作攻擊對方

指採用方法固定對方的關節，迫使其關節超出活動範圍的攻擊動作。在散打比賽中，最易被反關節攻擊受傷的人體關節主要是肘關節和膝關節。如果使用正常的攻防方法，雖然擊中關節部位，但沒有固定關節的行為，也沒有造成對方反關節，則不屬於此類犯規行為。

9 迫使對方頭部先著地的摔法

指在使用摔法過程中，採用控制性的手段，強迫對方的頭部先著地，有意傷害對方。判斷是否使用了迫使對方頭部先著地的摔法，一般應符合以下3種情況：

9·1　對方處於被控制狀態而無法使用自我保護的倒地動作時，使用招法將其頭部朝下落地；

9·2　對方處於懸空狀態時，突然改變對方的姿勢狀態迫使其頭部朝下落地；臨近倒地狀態時，突然擰轉對方頭部，迫使對方頭部先著地。

9·3　如果採用正常的摔法，被摔的一方因自己的保護能力差，倒地動作不合理造成頭部先著地，不屬判罰的範圍。

10 有意砸壓對方

指對方倒地時，順勢用身體的某一部位再次加力於對方，使對方喪失戰鬥力的行為。

11　攻擊倒地方的頭部

一方運動員不允許用任何方法攻擊已倒地方運動員的頭部，這裏主要是指主動倒地方運動員的頭部。因為在主動倒地後3秒鐘之內雙方仍可相互攻擊，如果是一方被動倒地，臺上裁判員必須發出「停」的口令，這時，倒地方身體的任何部位均不允許受到攻擊。

12　實力懸殊

指雙方運動員智能、技能、體能的整體水準相差較大，在比賽中主要表現為一方沒有進攻和防守能力，且勝負局勢已十分明顯，這時，臺上裁判員應在征得裁判長的同意後，宣佈強者為優勢獲勝。

13　強制讀秒

指運動員受到重擊之後，產生強烈的震動、晃動、失衡、倒地、痙攣、疼痛難忍等現象時，臺上裁判員採用讀秒的方法，使受擊者有短暫的恢復時間，從而保證運動員的安全。

13·1　強制讀秒可分為兩種，一種是因對方犯規而有可能造成傷害，為保障運動員的安全進行的強制讀秒；一種是運用合理的方法重創對方運動員，使其不能馬上繼續比賽，為保障其安全進行的強制讀秒。

13·2　讀秒時，臺上裁判員須迅速靠近被讀秒的運動員，清楚地觀察其面部表情，並且所處位置以不擋住裁判長的視線為宜。

13·3　強制讀秒的判罰有4種情況：

13·3·1　一方運動員因對方犯規被讀秒，當讀至8秒前已表示能繼續比賽，並且知覺正常，則給犯規隊員以警

告的判罰。

13‧3‧2　一方運動員被允許的方法重擊，被強制讀秒至8秒後，仍能繼續比賽，則應給其「壓點」的判罰。

13‧3‧3　因一方運動員被允許的方法重擊，被判強制讀秒至10秒，仍不能繼續比賽，判對方優勢勝利。

13‧3‧4　因對方犯規而造成的被讀秒，讀秒至10秒，仍不能繼續比賽，經醫務監督檢查確定，則判定犯規方被取消比賽資格，被讀秒方為勝方。

此外，臺上裁判員若發現比賽運動員出現休克、關節脫臼、骨折等危險狀態時，應立即停止讀秒，取下運動員護齒，並立即用手勢請醫生，將運動員送到後場進行急救處理，然後再根據相關規則宣佈比賽結果。

14　指定進攻

臺上裁判員發出「開始」的口令後，一方運動員主動向前移動伺機進攻，另一方運動員消極後退而不採用任何進攻或反擊動作的行為。一般情況下，運動員都會在8秒鐘內進攻。因此，臺上裁判員一定要養成「默計時間」的習慣，一旦出現某方運動員消極，就用「指定進攻」手勢指定某運動員進攻。

15　消極8秒

指臺上裁判員用「指定進攻」的手勢指定一方運動員進攻後，運動員在8秒鐘後仍不進攻的行為。臺上裁判員給一方運動員發出「指定進攻」的口令後，就按每秒一次的頻率默記8次，或和手指在體側記數8次的方法計時，超過8秒不進攻即可判被指定方為「消極8秒」。

16　消極3秒

指使用主動倒地動作進攻而沒有擊中或擊倒對方，或使用主動倒地進攻動作時，被對方反擊所迫，不能在3秒鐘內迅速站立，一旦出現這種情況，臺上裁判員立即喊「停」，並用「消極3秒」的手勢表示判罰。

17　知覺失常

指運動員在被重擊之後，身體所表現出來的一種不正常的狀態。具體表現為：站立重心不穩，步履蹣跚紊亂，不能平衡身體，面部表情呆滯，呼吸急促等。

18　主動倒地

指兩腳以外的其他身體部位需要先支撐臺面而後才能使用的方法，或使用方法後必須倒地的進攻方法。運動員使用這類動作時，臺上裁判員要充分準確地分辨出是否是主動倒地。主動倒地必須是自己處於正常平衡的姿勢時使用的一種進攻或防守反擊方法。如自己身體已經失去平衡，但為了躲避打擊順勢倒地，而又不能銜接合理的進攻方法，則不能視為主動倒地。主動倒地大致有以下幾種情況：

18‧1　使用主動倒地動作進攻將對方擊倒，並能順勢站立者得2分。

18‧2　用主動倒地動作進攻將對方擊倒，但對方倒地時身體的某一部位壓住主動倒地方身體造成其不能迅速站立的，判後倒地方「倒地在先」，主動倒地方得1分。

18‧3　使用主動倒地動作進攻，但未能擊中對方，尚不能迅速站立，不得分。

18‧4　使用主動倒地動作進攻沒有擊中對方而在3秒

鐘內不能迅速站立，判主動倒地方「消極3秒」。

18·5　用「後倒蹬技」的方法成功地將對手蹬下臺，則算主動倒地方進攻成功，得2分；如果不成功，使用該動作方為倒地在先。

19　倒　地

指兩腳以外的身體任何部位支撐了臺面。

19·1　被擊倒，指遭受對方拳法、腿法的打擊而失去重心倒地；

19·2　被摔倒，指被對方用摔法致使失去重心倒地；

19·3　自行倒地，指由於進攻、防守動作不當、場地不利、場地過滑等原因倒地。

20　倒地在先

指運動員在使用動作的過程中雙方失去重心，一方倒地在先，另一方倒地在後；或者一方倒地在先，另一方壓在先倒地一方的身上，先倒地者均為倒地在先。

21　雙方同時倒地

指雙方運動員使用動作的過程中，均失重倒地，且又分不出先後時，則判為同時倒地。

22　擊　中

指運動員使用允許的方法，打到對方的得分部位後產生相應的效果。具體判定是否擊中，一般從以下4個方面考慮：

22·1　看進攻　進攻動作清晰、擊中點準確；

22·2　看防守　擊中時沒有相應的防守動作或擊中在先、防守動作在後；

22·3　看位移　擊中後產生的位移現象；

22‧4　聽聲音　擊中對方後發出清脆或者沉悶的響聲。

在評判過程中，可以從以上4個方面同時入手，也可以從其中的1～2個方面入手，這要根據當時的實際情況來定。

23　方法不清楚、效果不明顯

指運動員完成動作時的質量和效果均不符合擊中的要求。運動員使用方法進攻時，因進攻時機不對或己方處於被動狀態而勉強出動作，雖然打到了對方，但是沒造成擊中的效果。

24　下　臺

指運動員在比賽中（從「開始」到「停」的口令期間），其身體的任何部位支撐了台下的保護墊或場地，均判為下臺。

25　雙方下臺

指雙方運動員在比賽時（從「開始」到「停」的口令期間）都掉下了擂臺。

26　下臺無效

指雙方或一方運動員在臺上裁判員喊「停」之後下臺；或先倒地者順勢再次用力把對方推至台下；或因雙方摔倒在臺上後，產生的慣性使某一後倒地者接觸台下地面；或一方下臺時，另一方雖在臺上但沒有與下臺運動員身體的某一部位脫離，均被視為無效。

27　抱纏時擊中對方不得分

指一方運動員抱住另一運動員後，或者在雙方互相摟抱的過程中擊打對方，儘管是有效部位但仍不予計分。其中有兩種情況還須注意：

27·1　如果一方運動員使用動作被另一方運動員接住後隨即脫手並使用允許的方法擊中對方有效部位，或在「停」的口令之前掙脫抱纏並使用方法擊中對方的得分部位則應被視為有效擊中。

27·2　雙方運動員在臺上裁判員的口令「開始」至「停」的時間內相互攻擊對方，並能清晰有效地擊中對方的得分部位，應被判定相互均被擊中，並採用累積計分的方法累加得分。

28　消極摟抱

指為了達到不讓對方進攻或反擊的目的而一味採取抱纏對方的行為。在比賽中，運動員使用方法擊打對方後，即抱住對方，不讓其使用方法反擊；或者是沒有任何進攻動作即摟抱對方以等待臺上裁判喊停，這種方法被反覆連續地使用，經臺上裁判提示後，仍不改，即可認定為消極摟抱。

29　犯規的處罰

29·1　勸告　運動員只要在比賽中出現規則列舉的技術犯規的行為，就要受到勸告的處罰。

29·2　警告　運動員只要在比賽中出現規則列舉的技術犯規的行為，就要受到警告的處罰。

一般情況下，使用勸告和警告處罰前，可視需要先給予提示，這種提示必須是在有犯規表示但又未造成後果時使用，如果已造成後果，便可直接給予相應的處罰。

29·3　取消比賽資格　運動員在比賽中只要出現規則所列舉的取消比賽資格的行為，就要受到取消比賽資格的處罰。

30 沒有進攻動作或無效進攻

指運動員抱纏在一起，既不使用方法，也不分離，或是雙方糾纏在一起，雖有動作，但沒有得分效果，並且超過2秒鐘沒有停止的跡象。

30·1 由於相互抱纏與使用摔法有關，為此對摔法的有效與否需進一步說明：

30·1·1 當一方或雙方運動員剛一「搭把」即用摔法，並使對手已失重或失控，隨即將對方摔倒，此時摔法是一氣呵成的，沒有變招的現象，這即為有效摔法，不宜用2秒鐘限制。

30·1·2 當一方或雙方運動員在相互「掏把」，並且未「能得把」施摔達2秒以上，臺上裁判應即刻叫停。

30·1·3 當一方或雙方運動員得把後，因對方的抗摔使施摔方變勁、變招達2秒以上，臺上裁判應即刻叫停。

31 有意拖延比賽時間

指運動員在局間休息後回到場上拖拖拉拉，或倒地後故意磨蹭不迅速站起；或有意藉故整理護具等。凡有此類情況均視為有意拖延比賽時間，作技術犯規處罰。

32 記 分

指邊裁判員根據運動員使用的不同方法，擊中不同的得分部位，產生不同效果和臺上裁判員不同判罰情況，按照得分標準及時記錄運動員的得分，其中有2種情況要注意：

32·1 擊中部位可能是不同分值的交接點，也可能是得分與不得分的交接點，現一律按下限取分值。也就是說，如擊中2分與1分的交接點，按1分取值，如擊中得分

與不得分的交接點，按不得分取。

32‧2　使用同一個動作產生分值不同的效果，則按上限取值。

另將2011年武術散打裁判法最新修改條款補充如下：

1　分　開

分開是指運動員相互纏抱沒有進攻動作或無效進攻超過2秒時，臺上裁判應喊「分開」的口令。此時，運動員必須分離後撤，相對兩臂間隔後即可進攻對方。

在臺上裁判發出「分開」的口令後會出現以下幾種情況：

（1）在「分開」口令後，運動員不聽從指揮，繼續摟抱對方或鬆開對方後不後撤，則臺上裁判喊「停」，判「技術犯規」。

（2）在「分開」的口令後，運動員繼續進攻對方，或者沒有後撤就進攻對方，此時臺上裁判應喊「停」，並給予該運動員「侵人犯規」的處罰。

（3）在臺上裁判喊「分開」後，如果確實屬於動作原因造成雙方運動員無法分開，臺上裁判可喊「停」，然後使比賽繼續進行。

2　消極摟抱

消極摟抱是指運動員在比賽過程中反覆主動摟抱對方，制止對方進攻，消極等待裁判喊「分開」的行為。

消極摟抱一般有兩種情況：

（1）運動員為了獲得體力的調整或保持既有的比賽成果。

（2）運動員進攻後或者發現對方即將進攻時，立即進身摟抱對方，不讓對方進行有效的反擊或進攻。

消極摟抱的動作狀態一般有以下幾種情況：

（1）雙手摟抱對方的頭頸部而不使用摔法。

（2）雙手摟抱對方的肩部內側或外側而不使用摔法。

（3）以一臂或雙臂夾擰對方的上肢而不使用摔法。

（4）雙手摟抱對方的腰部而不使用摔法。

3　關於「一局比賽，雙方運動員得分相同時，判主動進攻技術強者為勝方」的解釋

該條款的意思是，一局比賽結束時，當邊裁判員所判定的雙方運動員得分相同，須在本局比賽宣佈結束前判定本局比賽中「主動進攻技術強者」為本局勝方（按勝方鍵）。

其具體的判定標準為：

（1）當雙方比分相同時，依據運動員在本局比賽中受警告、勸告、強制讀秒、主動進攻次數少者的順序直接決定勝負。

（2）當以上幾種情況相同時，邊裁判員依據下列情況綜合考慮判定勝負：

①在臺上裁判員發出「開始」口令後，某方運動員總是積極靠近對手，並有主動進攻的表現，或在這方面的表現好於對方。

②在主動運用進攻技術的方法和效果方面好於對方。

③在主動進攻的意識和頑強拼搏的精神方面好於對方。

值得注意的是：①判定時要根據運動員在整局而不是某一個時間段的比賽表現進行判定，尤其是不能只根據臨

近比賽結束時運動員的表現來判定。②邊裁判員要根據比賽中運動員的實際表現來判定，而不應受場外因素（觀眾、教練員等）的干擾。

4 「倒地」和「雙方倒地」

（1）倒地：指運動員在比賽過程中除雙腳以外的身體任何部位支撐了臺面。

（2）雙方倒地：指比賽過程中雙方運動員都失去了平衡，雙方的身體都支撐了臺面（除雙腳以外的身體任何部位）；或者一方將另一方摔倒時自己也失去了平衡，支撐了倒地一方運動員的身體。

需要強調的是：

①當一方運動員倒地，臺上裁判員發出「停」的口令後，因倒地方明顯二次發力使用動作致使另一方倒地，應判為單方倒地。

②雙方互摔，一方倒地後緊緊抓握或摟抱另一方身體的某一部位不放，但站立者並未失去身體平衡，即使其身體觸及了倒地方的身體，只要沒有形成實質性支撐，仍應判為單方倒地。

5 實力懸殊

（1）雙方運動員技能、體能的整體水準有較大差異，在比賽中主要表現為一方運動員已沒有進攻與防守的能力，勝負已經十分明顯。一旦出現這樣的情況，臺上裁判員徵得裁判長的同意後，宣佈技術強者為優勢勝利。

（2）一局比賽中，雙方運動員的得分相差達12分時（須有至少4個邊裁判員的判定），裁判長鳴哨終止比賽，宣佈比賽結果。

6 背向逃跑

「背向逃跑」是指一方運動員在比賽中為了逃避對方的進攻而轉身背向對方運動員逃跑的行為。一旦出現這種行為，臺上裁判員應喊「停」，並給予背向逃跑一方運動員「技術犯規」的處罰。

7 每局比賽2分鐘

指每局比賽臺上裁判宣佈比賽「開始」時走表計時，臺上裁判喊「停」則停錶，臺上裁判喊「開始」則走表，直至計時表滿2分鐘時，鳴鑼通告本局比賽結束。

8 「指定進攻」與「消極5秒」

比賽中運動員互不進攻時間達到5秒時，臺上裁判員須指定消極一方運動員或雙方消極中的任何一方進攻。運動員達5秒鐘仍不進攻時應喊「停」，並給予被指定方運動員「消極5秒」的判罰。

執行此條款需要注意的是：

（1）應把握好兩個時間段，即「開始」或指定進攻前運動員沒有攻防動作的時間應為5秒鐘；指定進攻後運動員必須在5秒鐘內組織進攻。

（2）運動員被指定進攻後，任何一方在5秒內組織了進攻，裁判指令結束。

（3）被指定進攻後，如果運動員沒有在有效距離內進攻對方，則不能作為執行了裁判指令，應繼續計算時間。

（4）被指定進攻的運動員在有效距離內進攻時，若因對方調整了距離或做出了防守而沒能產生打擊效果，進攻仍然有效，裁判指令結束。

（5）一局比賽中，如果雙方運動員都出現消極，臺

上裁判員指定進攻時應考慮雙方運動員的均衡性，不能偏向某一方運動員。

9 使用同一個動作產生不同分值的效果，將各分值累加計分

舉例說明：如紅方運動員用腿法擊中黑方軀幹或頭部，應得2分；如果腿法擊中黑方軀幹或頭部並致使黑方倒地，應將紅方腿法所得的2分再加上因黑方倒地而所得的2分，紅方一個動作共得4分；如果黑方倒地後並被強制讀8秒，此時，紅方除了前面所得的4分外，還應加上黑方被強制讀秒紅方所得的2分，紅方一個動作共得6分。

10 規則中增加「可用方法」條款，其中得1分條款中「用手法擊中對方頭部、軀幹部位得1分」改為「用拳法擊中對方頭部、軀幹部位得1分」

「可用方法」條款的表述為「除禁用方法外，可以使用武術的各種拳法、腿法和摔法。」

因此，得1分的條款中「用手法擊中對方頭部、軀幹部位得1分」就相應改為「用拳法擊中對方頭部、軀幹部位得1分。」

按照武術的技法理解，「拳」是指五指併攏卷屈緊握的手型，包括拳面、拳背、拳輪、拳心、拳眼幾個部位，「拳法」就是指腕關節以下的「拳」的各個部位運用的方法。所以，該條款的理解應該是只有用「拳」的各部位擊中對方頭部、軀幹部位，才能得1分。反之，如果用「前臂」擊打對方是不能得分的，但允許使用，不屬於犯規動作。

11　任何情況下運動員不得攻擊裁判員，否則取消該運動員比賽資格。

12　關於比賽護具的規定

（1）比賽中運動員必須且只能佩戴《規則》規定的護具進行比賽，既不能多穿戴護具，也不能少穿戴護具。

（2）運動員比賽服裝護具中增加「纏手帶」的規定，表述為「……並且必須穿戴自備的護齒、護襠和纏手帶，護襠必須穿在短褲內，纏手帶的長度為 3.5～4.5 公尺。」裁判員在場上發現運動員沒有戴纏手帶時，直接宣佈對方為本場勝方。

（3）運動員檢錄上場後，比賽中無論什麼原因，只要拳套脫落，一律按有意鬆脫護具判技術犯規，給予「勸告」的判罰。如果運動員在將對方推打下台或摔倒時自己的拳套脫落，則下臺和倒地無效，判拳套脫落的運動員技術犯規。

13　其他變動的相關內容

（1）對邊裁判員評分過程進行公開顯示。

（2）成年男子運動員體重級別增加「100公斤級」。

（3）《規則》「比賽禮儀」第2款由原「每場比賽開始時，運動員相互行抱拳禮」變更為「每局比賽開始前，運動員上臺後先向本方教練員行抱拳禮，教練員還禮；運動員之間再相互行抱拳禮」。

「比賽禮儀」第2款後增加一條，表述為「每場比賽第三局結束時，教練員到擂臺邊為本方運動員取下護頭並回到原位」。

中國武術散打冠軍賽競賽規程

1 競賽日期和地點

2010年8月4日至8日在陝西省舉行。

2 競賽項目

男子項目：48公斤級、52公斤級、56公斤級、60公斤級、65公斤級、70公斤級、75公斤級、80公斤級、85公斤級、90公斤級、90公斤以上級。

女子項目：48公斤級、52公斤級、56公斤級、60公斤級、65公斤級、70公斤級、75公斤級。

3 參加辦法

（1）在2010年全國武術散打錦標賽中獲男子、女子各級別前12名的運動員，運動員所代表單位需與錦標賽單位一致。

（2）每單位可報領隊、教練、醫生各1人。

4 競賽辦法

（1）本次比賽為男子個人賽及女子個人賽。

（2）運動員報到後先稱量體重，然後抽籤進行編排。

（3）採用單敗淘汰制（4人以下採用單循環制，不含4人）。

（4）設種子選手，以2010年全國武術散打錦標賽的

成績為依據確定種子選手。

（5）採用國家體育總局最新頒佈的《武術散打競賽規則》。

5 裁判員、仲裁委員會和競賽監督委員會

（1）裁判員由國家體育總局統一選派，辦法另行通知。

（2）仲裁委員會人員組成、職責範圍按《仲裁委員會條例》執行。

（3）競賽監督委員會人員組成和職責範圍按規則執行。

6 錄取名次與獎勵

（1）每級別錄取前6名。

（2）設「體育道德風尚獎」「最佳運動員獎」（評選辦法另定）。

7 報名和報到

（1）各單位填寫正式報名表一式兩份，於2010年7月4日前（以當地郵戳為準）寄國家體育總局武術運動管理中心訓練競賽二部（地址：北京市朝陽區安定路3號，郵編：100029）和 陝西省武術運動管理中心（地址：西安市丈八東路西段奧體公園內，郵編：710061）。逾期者不予受理。

（2）裁判員於8月1日，各運動隊於8月2日報到（具體地點待承辦單位另行通知）。

8 其 他

（1）各代表隊報到時須交驗「散打運動員註冊證」「運動員體檢證明」（具體內容為：腦電圖、心電圖、脈

搏、血壓，體檢證明以本次賽前15天內方才有效）和《人身保險證明》，大會不再負責為各隊聯繫體檢及保險事宜。以上各項任缺一項不能參加比賽。

（2）各運動隊報到後，大會醫務組將對運動員進行體格抽查，如發現問題，則取消比賽資格。

（3）為了端正賽風，嚴肅賽場紀律，保證公平競爭，各代表隊和全體裁判員，必須嚴格遵守國家體育總局和賽區的各項規定，認真比賽，公正執法。如有違犯，將根據情節按照國家體育總局有關文件嚴肅處理。

（4）各參賽單位食宿及交通費自理。

（5）未盡事宜，另行通知。

大展好書　好書大展
品嘗好書　冠群可期